ALFRED NEUFELD

Was wir gemeinsam glauben

Buch des Jahres 2007
der
Mennonitischen Weltkonferenz

Das
täuferisch-mennonitische
Bücherregal

Buch des Jahres 2002: C. Arnold Snyder, *Täuferische Saat – Weltweites Wachstum. Die historische Mitte täuferischer Identität.* Agape Verlag, Weisenheim am Berg ²2007

Buch des Jahres 2003: Pakisa K. Tshimika und Tim Lind, *Teilen, was wir sind und haben – Als Kirche weltweit geben und empfangen.* Neufeld Verlag, Schwarzenfeld 2006

Buch des Jahres 2004: Bernhard Ott, *Schalom – Das Projekt Gottes.* Agape Verlag, Weisenheim am Berg ²2007

Buch des Jahres 2005: Alan Kreider, Eleanor Kreider und Paulus Widjaja, *Eine Kultur des Friedens – Gottes Vision für Gemeinde und Welt.* Neufeld Verlag, Schwarzenfeld 2008

Buch des Jahres 2006: Bedru Hussein and Lynn Miller, *Stewardship for All? Two believers – one from a poor country and one from a rich – speak from their settings.* Good Books 2006 (deutsche Ausgabe in Vorbereitung)

Buch des Jahres 2007: Alfred Neufeld, *Was wir gemeinsam glauben – Täuferisch-mennonitische Überzeugungen.* Neufeld Verlag, Schwarzenfeld 2008

Alfred Neufeld

Was wir gemeinsam glauben

Täuferisch-mennonitische Überzeugungen

n
Neufeld Verlag

Lektorat: Frieder Boller, Ingolstadt

Was wir gemeinsam glauben – Täuferisch-mennonitische Überzeugungen wurde in Zusammenarbeit mit der Mennonitischen Weltkonferenz veröffentlicht, einer internationalen Gemeinschaft von Kirchen, deren Wurzeln in der Zeit der Reformation des 16. Jahrhunderts liegen, speziell in der Täuferbewegung. Heute sind etwa 1,5 Millionen Christinnen und Christen Teil dieser Glaubensfamilie; über die Hälfte von ihnen leben in Afrika, Asien oder Lateinamerika. Das Büro der Mennonitischen Weltkonferenz befindet sich in Straßburg: www.mwc-cmm.org

Die Deutsche Bibliothek verzeichnet diese Publikation in der Deutschen Nationalbibliografie; detaillierte bibliografische Daten sind im Internet über http://dnb.ddb.de abrufbar

Für die deutsche Abfassung dieses Textes sind die Begriffe *Gemeinde* und *Kirche* austauschbar und synonym verwendet worden – auch aufgrund der Tatsache, dass in englischer (*church*), sowie spanischer (*iglesia*) und französischer (*églíse*) Sprache jeweils nur ein Wort benutzt wird

Cover-Konzept: spoon design, Olaf Johannson
Umschlagfotos: Eleanor Miller/ShutterStock®
Umschlaggestaltung und Satz: David Neufeld, Schwarzenfeld
Herstellung: GGP Media GmbH, Pößneck

ISBN 978-3-937896-68-7, Bestell-Nummer 588 668

www.neufeld-verlag.de

NEUFELD VERLAG

Inhaltsverzeichnis

Einführung

Die Mennonitische Weltkonferenz ist eine Gemeinschaft täuferischer Gemeinden. Vor einigen Jahren begann der Rat für Glauben und Leben nach gemeinsamen Überzeugungen der verschiedenen Mitgliedskirchen zu fragen.

Diese Kirchen führen ihre Entstehung direkt oder indirekt auf die Täufer zurück, eine radikal reformatorische Bewegung im 16. Jahrhundert. Mittlerweile liegt die Zahl der täuferischen Nachkommen weltweit bei mindestens 1,5 Millionen getauften Gliedern. Die meisten von ihnen gehören einer der 97 Mitgliedskirchen der Mennonitischen Weltkonferenz an.

Lose miteinander verbunden und ohne gemeinsames Glaubensbekenntnis, entwickeln diese Kirchen untereinander jedoch mehr und mehr Austausch und Verbundenheit. Das Bewusstsein und die Unterstützung füreinander wachsen. Zunehmend suchen sie beieinander Rat und Verbindlichkeit. Aber haben diese weltweit verstreuten Kirchen gemeinsame Glaubensüberzeugungen?

Nachdem der Rat für Glauben und Leben die Glaubensbekenntnisse der einzelnen Mitgliedskirchen gesammelt und verglichen hatte, wurde eine siebenköpfige international besetzte Arbeitsgruppe damit beauftragt, ein kurzes, einfaches Dokument mit sieben gemeinsamen Überzeugungen zu verfassen.

Diese Beschreibung wurde vom Rat für Glauben und Leben durchgearbeitet und danach auch von der Mitgliederversammlung, in der Delegierte der 97 Mitgliedskirchen vertreten sind, diskutiert. Die Delegierten arbeiteten in einem dreijährigen Gesprächsprozess beharrlich und geduldig daran, eine Übereinstimmung zu erzielen, die alle von Herzen mittragen und auch ihren örtlichen Gemeinden und nationalen Kirchen empfehlen würden.

Das Ergebnis der „Gemeinsamen Überzeugungen“ hat im Deutschen etwa 325 Wörter. Es ist erfrischend klar und direkt. Es ist deutlich und offen. Und es ist ziemlich kurz – so, wie es sein sollte.

Diese Beschreibung der gemeinsamen Überzeugungen wurde 2006 von der Mitgliederversammlung aufgenommen, abschließend beraten und im Konsens beschlossen. Im gleichen Jahr beauftragte die Mennonitische Weltkonferenz Alfred Neufeld, Präsident der Protestantischen Universität Paraguays in Asunción und Dekan der dortigen Theologischen Fakultät sowie Gemeindeleiter, damit, ein Buch zu schreiben, das die sieben Überzeugungen entfaltet.

In *Was wir gemeinsam glauben* stellt er behutsam den historischen und theologischen Hintergrund dar, zeigt ihre biblischen Wurzeln und gibt Impulse, wie diese Überzeugungen heute gelebt und zum Ausdruck gebracht werden können. Alfred Neufelds Manuskript wurde von einer Gruppe gegengelesen, die das Spektrum der Weltkonferenzmitglieder repräsentierte und zu der vorliegenden endgültigen Fassung beitrug.

Die Vertiefungsfragen am Ende der Kapitel stammen von Phyllis Pellman Good und geben Impulse für Gruppengespräche.

Die Mennonitische Weltkonferenz hofft, dass *Was wir gemeinsam glauben* den Ortsgemeinden, ihren Konferenzen und Gemeindeverbänden hilft, den Glauben noch treuer zu leben, ihre geistliche Gemeinschaft zu vertiefen und gemeinsam die weltweite Glaubensfamilie zu formen.

Larry Miller
Generalsekretär der Mennonitischen Weltkonferenz
Straßburg, Frankreich

Gemeinsame Überzeugungen

Durch die Gnade Gottes wollen wir die gute Nachricht von der Versöhnung in Jesus Christus leben und verkündigen. Weil wir zu allen Zeiten und an allen Orten Teil des einen Leibes Christi sind, halten wir das Folgende für die Mitte unseres Glaubens und unseres Lebens:

1 Gott teilt sich uns mit als Vater, Sohn und Heiliger Geist, als Schöpfer, der die gefallene Menschheit wiederherstellen will, indem er ein Volk beruft, das treu sein soll in der Gemeinschaft, im Gottesdienst, in Dienst und Zeugnis.

2 Jesus ist der Sohn Gottes. Er hat uns durch sein Leben und seine Lehre, seinen Tod am Kreuz und seine Auferstehung gezeigt, wie wir ihm im Glauben treu nachfolgen können. Er hat die Welt erlöst und ewiges Leben verheißen.

3 Als Gemeinde sind wir die Gemeinschaft derer, die Gottes Geist dazu beruft, sich von der Sünde abzuwenden, Jesus Christus als ihren Herrn anzuerkennen, die Taufe auf das Bekenntnis ihres Glaubens hin zu empfangen und Jesus Christus in ihrem Leben nachzufolgen.

4 Als Gemeinschaft der Gläubigen erkennen wir die Bibel als Autorität für unseren Glauben und unser Leben an. Wir legen sie gemeinsam unter der Leitung des Heiligen Geistes und im Licht Jesu Christi aus, um Gottes Willen für ein gehorsames Leben zu erkennen.

5 Der Geist Jesu gibt uns die Kraft, Gott in allen Lebensbereichen zu vertrauen. So werden wir Friedensstifter, die der Gewalt absagen, ihre Feinde lieben, nach Gerechtigkeit trachten und ihren Besitz mit Notleidenden teilen.

6 Wir versammeln uns regelmäßig zum Gottesdienst, um das Abendmahl zu feiern und um Gottes Wort zu hören. Wir tun das im Bewusstsein gegenseitiger Verantwortlichkeit.

7 Als weltweite Gemeinschaft von Menschen, die Glauben und Leben teilen, wollen wir jegliche Trennung durch Nationalität, ethnischen Hintergrund, Klasse, Geschlecht und Sprache aufheben. Wir wollen in dieser Welt leben, ohne uns von den Mächten des Bösen bestimmen zu lassen. Wir bezeugen Gottes Gnade, indem wir anderen dienen, Sorge für die Schöpfung tragen und alle Menschen dazu einladen, Jesus Christus als Heiland und Herrn kennen zu lernen.

Unsere Überzeugungen sind geprägt durch unsere täuferischen Vorfahren des 16. Jahrhunderts, die uns eine radikale Nachfolge Jesu Christi beispielhaft vorlebten. In der Kraft des Heiligen Geistes wollen wir im Namen Jesu Christi unser Leben gestalten und vertrauensvoll auf die Wiederkunft Christi und die Vollendung des Reiches Gottes warten.

Angenommen durch die Mitgliederversammlung der Mennonitischen Weltkonferenz, Pasadena/USA, 2006

Es gibt Dinge, die sind es wert, vermittelt zu werden:

Durch die Gnade Gottes wollen wir die gute Nachricht von der Versöhnung in Jesus Christus leben und verkündigen. Weil wir zu allen Zeiten und an allen Orten Teil des einen Leibes Christi sind, halten wir das Folgende für die Mitte unseres Glaubens und unseres Lebens.

Gute Nachricht

Allein Gottes Gnade bewegt uns

Gottes Gnade ist das erstaunlichste Wunder und die für den Menschen am schwersten zu ergründende Tatsache. Warum sollte Gott sich für eine anmaßende und rebellische Menschheit interessieren? Warum sollte der gute Hirte 99 Schafe alleine lassen, um das verlorene Schaf zu suchen? Wieso konnte Jesus am Kreuz mit Sanftmut auf die reagieren, die ihn misshandelten? Der Apostel Johannes, der sein Leben mit Jesus beschrieb, hielt fest: ... *Wir sahen seine Herrlichkeit voller Gnade und Wahrheit ... Aus seiner Fülle haben wir alle Gnade um Gnade empfangen* (Johannes 1,14–17).

Gemeinsam mit Zacharias und Elisabeth war Maria, die Mutter Jesu, die erste im Neuen Testament, die von Gottes Gnade begeistert war. Als sie erfuhr, welche Rolle ihr in der Geschichte von Gottes erlösender Gnade für die Menschheit zukommen sollte, verfasste sie ein großartiges Gedicht, um diese Gnade zu feiern (Lukas 1,30–35).

Gnade ist das freie Geschenk der Liebe Gottes. Sie sucht das Wohlergehen der Menschheit, die diese aber weder verdient hat noch gutmachen könnte.

Paulus war ein gewalttätiger Religionsfanatiker, der die ersten Christen verfolgte. Aber als er Jesus Christus begegnete, erlebte er eine radikale Umkehr. Er begriff Gottes Absicht, *in den zukünftigen Zeiten den überschwänglichen Reichtum seiner Gnade zu erzeigen*. Und er erkannte, dass sowohl die Erlösung wie auch die guten Werke eines Menschen auf das Eingreifen der Gnade Gottes zurückzuführen sind (Epheser 2,7–10).

Augustinus von Hippo (354–430) war ein brillanter nordafrikanischer Philosoph. Nach einem ausschweifenden Leben und einer Leidenschaft für die Philosophie erlebte er das erlösende Handeln Jesu Christi. Als Lehrer der Kirche erinnert man sich an ihn als den „Doktor der Gnade“.

Martin Luther (1483–1546) war ein von Schuldgefühlen geplagter Mönch. Als er die Theologie des Apostels Paulus studierte, entdeckte er, dass es vor Gott nicht darauf ankommt, was wir leisten können. Vielmehr reicht die Gnade Gottes aus, denn die *Kraft Gottes ist in den Schwachen mächtig* (2. Korinther 12,9). Folglich ist sein großes reformatorisches Werk innerhalb der Kirche geprägt von seinem Verständnis des *sola gratia,* allein durch Gnade.

Menno Simons (1496–1561) war ein holländischer katholischer Priester. Er kümmerte sich in recht oberflächlicher Weise um sein Amt, da ihn Geld und Kartenspiel mehr interessierten. Aber als er Gottes verändernde Gnade erlebte, wurde er ein treuer und leidensbereiter Pastor und Lehrer der verfolgten Täuferbewegung.

C. Arnold Snyder ist der Sohn mennonitischer Missionare in Argentinien. Aber die Studentenrevolte der 1968er Jahre, Drogen und seine Rockband entfernten ihn vom Glauben seiner Kindheit. Er erlebte eine Veränderung und wurde theologischer Lehrer und Täuferforscher. In seinem Büchlein *Täuferische Saat – Weltweites Wachstum* (Buch des Jahres 2002 der Mennonitischen Weltkonferenz) beschreibt er das täuferische Verständnis von Gnade so:

> *Gottes Gnade schenkt früheren Sündern eine neue Geburt und macht sie zu neuen Geschöpfen. Gläubige, die wiedergeboren und erneuert sind durch den Heiligen Geist, werden befähigt, Gottes Willen in der Schrift zu deuten, zu verstehen und ein neues Leben zu führen* (Snyder, S. 19).

Wir wollen die gute Nachricht leben und verkünden

Für Christen gehören Reden und Handeln untrennbar zusammen. Tatsächlich müssen Glaube und Leben in einem Höchstmaß übereinstimmen, damit unsere Kommunikation und unser Zeugnis glaubwürdig sind.

Da die rettende Gnade Jesu Christi Erlösung und gute Werke bewirkt, sind beide auch notwendig für die Verkündigung des Evangeliums. Wann immer Gott mit Menschen kommunizierte, tat er das sowohl durch Taten als auch durch Worte: er befreite die Israeliten aus der ägyptischen Gefangenschaft und er gab ihnen seine guten Gebote für ein neues Leben im gelobten Land. Auch die Propheten Gottes verkündeten die Botschaft durch Taten und Worte. Jesus selbst gab seinen Jüngern das größte Gebot und den großen Auftrag.

Im Einklang mit der Überzeugung des Volkes Israel lehrte er, dass die Liebe zu Gott und die Liebe zum Nächsten das größte Gebot darstellen (Matthäus 22,37–40). Die gute Nachricht besteht in der Tatsache, dass Gott selbst seine Liebe in unsere Herzen ausgegossen hat (Römer 5,5). Und Liebe ist dem ausdrücklichen Zeugnis der Schrift zufolge keine Sache von Worten, sondern von Taten (1. Johannes 3,18). Jesus selbst fordert uns auf zu einer ganzheitlichen Mission, indem er seinen Jüngern sagte: *Wie mich der Vater gesandt hat, so sende ich euch* (Johannes 20,21).

In seiner großen Abschiedsrede (Matthäus 28,18–20) sandte er seine Jünger zu allen Völkern, um andere Menschen ebenfalls zu seinen Jüngern zu machen. Der Auftrag schließt die Taufe, die Unterweisung und das Halten der Gebote Jesu ein. Deshalb besteht die christliche Berufung darin, Nachfolger Jesu zu sein und Menschen in die Nachfolge Jesu zu führen.

Jesus Christus bringt Versöhnung

Gewalt, Konflikte, Missbrauch, Kriege, Auseinandersetzungen, gegenseitige Demütigungen – das sind die Nachrichten, die uns ständig umgeben. Die Menschheit hat in ihrer Geschichte so viele schlechte Erfahrungen mit der Gewalt gemacht. Feindseligkeit und Rache haben sich als ungeeignete Mittel erwiesen, um Differenzen zu überwinden. Trotzdem scheinen wir unfähig zu sein, uns von diesem Übel heilen zu lassen.

Unsere Erfahrung bestätigt, was die Bibel erzählt: In Jesus Christus ist es möglich, Feindschaften und Gewalttätigkeiten zu überwinden. Das ist tatsächlich das Kernstück des Evangeliums und unseres Auftrags. Seit der Entstehung des Volkes Gottes in der Wüste wurde durch Moses der große *Versöhnungstag* eingesetzt, der einmal im Jahr stattfand (3. Mose 23,27). Gemeinsam mit dem *Erlassjahr* (3. Mose 25,9–10) dienten diese Feiern dazu, Versöhnung mit Gott und in der Gemeinschaft wiederherzustellen.

Mit dem Kommen Christi erfüllt sich die Hoffnung auf nachhaltige Versöhnung. Das Erlassjahr und die Überwindung von Feindseligkeiten werden zu einer permanenten Verpflichtung für die Gemeinschaft der Gläubigen (Lukas 4,7–21). Die Glaubensgemeinschaft sucht nicht nur Versöhnung mit Gott und untereinander, sondern hat auch einen allgemeinen Versöhnungsauftrag empfangen. Mehr noch: Gott selbst beruft sie, „Botschafter der Versöhnung“ zu sein (2. Korinther 5,14–21).

Wie ist solch ein außerordentlicher Auftrag möglich? Erstens, weil die Liebe Jesu Christi die Triebkraft dazu ist (Vers 14). Zweitens befreit uns das Sterben Christi zu einem Leben im Dienst für andere (Vers 15). Und Christus befreit uns von menschlichen Vorurteilen, die zu Feindseligkeiten führen (Vers 16). Zudem bringt unsere existentielle Begegnung mit Christus eine neu schaffende und verändernde Kraft mit sich: *Gehört jemand zu Christus, dann ist er ein neuer Mensch. Was vorher war, ist vergangen, etwas Neues hat begonnen* (Vers 17).

Versöhnung entspringt dem Gedanken Gottes. Als er Christus sandte, leitete er einen geschichtlichen Prozess der Versöhnung ein. Gott selbst ergriff die Initiative, um die Welt mit ihrem Schöpfer zu versöhnen. Und uns hat er beauftragt, die Stimme Jesu Christi und Botschafter der Versöhnung zu sein (Vers 18–21).

Wir sind Teil des einen Leibes Christi

Die Gemeinde Jesu Christi feiert bald ihre 2000-jährige Existenz. Am Pfingsttag empfingen die Jünger Kraft von oben, verkündigten die großen Heilstaten Gottes durch Christus. Daraufhin tauften sie eine Menschenmenge von 3000 Personen. Heute hat die Gemeinschaft der Nachfolger Christi viele Gesichter, unterschiedliche Traditionen, verschiedenartige Strukturen und vielfältige Formen, ihren Glauben zu leben und auszudrücken. Leider fehlt es auch nicht an Spaltungen, Auseinandersetzungen und Demütigungen unter den Nachfolgern Jesu. So stellt sich zu Recht die Frage: Kann man von einer universalen Kirche, einer allgemeinen Kirche, reden? Ist es möglich, von dem einen Leib Christi zu sprechen? Und ist die täuferisch-mennonitische Kirche Teil dieser universalen

Kirche? Wenn ja, welchen Platz nimmt sie dann ein in diesem einen Leib Christi? Um diese Fragen zu klären, ist es gut, vier Wahrheiten vor Augen zu haben:

- Seit Christi Himmelfahrt hat Gott die Gemeinde auserwählt, um Christus in der Welt sichtbar zu machen.
- Zur Kirche Christi gehören alle, die ihm nachfolgen und ihn als Herrn und Retter anerkennen.
- Die Ortsgemeinden sind „Töchter", Filialen und Abglanz des einen Leibes Christi; dieser ist „Muttergemeinde", die universale, globale oder weltweite Kirche.
- Die vielen Unterschiede zwischen Ortsgemeinden und Denominationen sind nicht notwendigerweise ein Unglück; sie können sich auch als Reichtum erweisen.

Wenn jede Denomination mit anderen Kirchen die Gaben teilt, die Gott ihnen in ihrer Geschichte anvertraut hat – und wenn sie kontinuierlich selbstkritisch mit sich umgeht und dabei auch Korrektur durch die weltweite Kirche annimmt –, können wir uns gegenseitig bereichern und in der Einheit wachsen.

Mit anderen unterwegs in bruchstückhafter Erkenntnis

Als Kirche sind wir Teil der göttlichen Heilsgeschichte. Deshalb fühlen wir uns mit dem Weg des Glaubensvaters Abraham verbunden. Wir wissen uns dem Glauben und Leben der apostolischen Gemeinde verpflichtet. Wir ehren die „Wolke der Zeugen" (Hebräer 12,1), die uns in der Geschichte der Kirche vorangegangen sind und uns an allen Orten dieser Welt begleiten.

Gleichwohl fordern wir einander jederzeit, an jedem Ort und in jeder Kultur auf, unseren Blick auf Jesus Christus zu richten, *den Anfänger und Vollender unseres Glaubens* (Hebräer 12,2). Wir bekennen, dass wir die christliche Gemeinschaft oft entehrt haben. Wir bekennen, dass es uns oft an Demut gefehlt hat in unserem Eifer auf der Suche nach der Wahrheit. Es fällt uns schwer zuzugeben, dass unsere Erkenntnis „Stückwerk" ist (1. Korinther 13,12). Es fällt uns schwer anzuerkennen, dass unsere Erkenntnis immer nur unsere eigene Perspektive darstellt.

Wir sehen Fehler und Defizite in anderen Kulturen, in anderen Kirchen, in anderen Nationen. Aber wir tun uns schwer, die Sünden unserer eigenen Kultur, Denomination und Nation wahrzunehmen.

Ein klarer Blick macht uns bewusst, wie nötig wir selbst Vergebung und Versöhnung haben.

Trotz mancher Unterschiede verbinden uns zentrale Überzeugungen in Glaube und Leben

Was verbindet die weltweite Kirche Christi? Die apostolische Kirche verkündete gegen den Kaiserkult: *christos kyrios* – Christus ist Herr. Und als Geheimcode, um einander zu erkennen, verwandten sie das Symbol des Fisches. Dessen Buchstaben standen für die Anfangsbuchstaben des Glaubensbekenntnisses: Jesus Christus, Sohn Gottes, Retter. Über viele Jahrhunderte hinweg bis hinein in die Gegenwart lieferten das apostolische Glaubensbekenntnis und zum Teil die altkirchlichen Konzilien zur Dreieinigkeit und Christuslehre eine gemeinsame Grundlage für alle Christen.

Die täuferisch-mennonitische Glaubensfamilie hat ihre Wurzeln in der radikalen Reformation des 16. Jahrhunderts. Der Hauptbeitrag der täuferischen Reformbewegung lag darin, zu betonen, dass die Nachfolge Christi nicht durch staatliche Druckmittel eingefordert werden darf. Vielmehr glaubten sie, Menschen sollten sich selbst dazu entscheiden, Christus im täglichen Leben und in einer sichtbaren und freiwilligen Gemeinschaft von Gläubigen nachzufolgen.

Die täuferischen gemeinsamen Überzeugungen wurden zum Teil im *Schleitheimer Bekenntnis* 1527 zusammengefasst, wie auch im *Fundamentbuch* von Menno Simons 1540. Es war ihr Anliegen, eine Vision von Kirche zurück zu gewinnen, die

- entschlossen ist, im Hinblick auf ihre Erlösung auf Christus zu vertrauen;

- entschlossen ist, Christus im Leben nachzufolgen, einschließlich seiner Liebe zu den Feinden; und die
- entschlossen ist, eine Gemeinschaft zu bilden, die auf Erden das Reich Gottes und zeichenhaft seine neue Welt widerspiegelt.

Beinahe 500 Jahre später, nach Flucht und Wanderschaft und missionarischer Tätigkeit, haben die Nachkommen dieser ersten Täufergemeinden vielfältige Traditionen, Kirchenkulturen, Akzentsetzungen und Lehrmeinungen hervorgebracht. Ebenso auch verschiedene Gottesdienstformen und Ausdrucksweisen, die geprägt sind von der Verschiedenheit der Länder, Sprachen und Kulturen. Nach vielen Jahren hat die täuferisch-mennonitische Glaubensfamilie, angeleitet von der Mennonitischen Weltkonferenz, einen langen und detailreichen Prozess gewagt. Man wollte herausfinden, welche gemeinsamen Überzeugungen uns verbinden, obwohl wir in Bezug auf Kultur, Geschichte und Gemeindepraxis eine beachtliche Vielfalt darstellen. Mit Freude stellen wir die Einheit in zentralen Glaubensüberzeugungen fest. Diese Überzeugungen werden in den folgenden sieben Kapiteln erklärt und betrachtet.

Miteinander ins Gespräch kommen

1. Wie sehen Taten oder Einstellungen aus, die etwas von Gottes Gnade ausdrücken?
2. Welche konkreten Erfahrungen und Beispiele von Menschen kennen wir dafür?
3. Was ist für Christen bedeutender: was wir glauben oder was wir leben und tun? Warum?
4. Wie können wir – als Einzelne und als Gemeinde – tatsächlich Botschafter der Versöhnung sein und werden?
5. Gibt es nur einen Leib Jesu? Wenn ja, wie verstehen wir das Verhältnis zwischen weltweiter, allgemeiner Kirche und Ortsgemeinde? Wem kommt welche Bedeutung zu?

6. Welche Rolle haben täuferisch-freikirchliche Gemeinden im Leib Jesu?
7. Was hält uns davon ab, das zu tun, wozu Jesus uns beauftragt hat? Welche eigenen Schwächen könnten uns durch unsere Schwestern und Brüder aus einem anderen Teil der Welt bewusst werden, wenn wir einander stärker als globale Familie begegnen würden?
8. Beschreiben die drei zusammengefassten Punkte des Schleitheimer Bekenntnisses auf Seite 18/19 unser Verständnis für das Wesentliche von Gemeinde? Fehlt etwas?

Wir sind eine Glaubensgemeinschaft, die das Schöpfungswerk des Vaters ehrt:

Gott teilt sich uns mit als Vater, Sohn und Heiliger Geist, als Schöpfer, der die gefallene Menschheit wiederherstellen will, indem er ein Volk beruft, das treu sein soll in der Gemeinschaft, im Gottesdienst, in Dienst und Zeugnis.

1. Ehre sei dem Vater

Gott gibt sich uns zu erkennen als Vater, Sohn und Heiliger Geist

Gott übersteigt unser Vorstellungsvermögen. Wie sollen wir uns erklären, dass der Vater, der Sohn und der Heilige Geist eins sind? Wie kann man begreifen, dass der Schöpfer des Weltalls menschliche Gestalt annahm und uns gleich wird? Er wird unser Bruder, Freund und Meister und geht mit uns. Wie ist es zu verstehen, dass Gottes Geist uns in Jesus Christus das Wesen des Vaters offenbart? Mehr noch: Wie können wir begreifen, dass er kommt und in uns wohnt? So dass es uns Menschen möglich ist, in göttlicher Gemeinschaft mit dem Vater und dem Sohn zu leben.

Augustin hatte recht, wenn er sagte: *Si comprehendis, non est Deus* – wenn du glaubst, es begriffen zu haben, kann es sich nicht um Gott handeln. Gott entflieht all unseren Fähigkeiten, ihn per Definition festzulegen. Sonst wäre er ja ein Gefangener unserer Vernunft und unserer Sprache. Dennoch: Gott hat sich selbst festgelegt und sich sichtbar gemacht in Jesus Christus. Er sagt: *Wer mich sieht, sieht den Vat*er (Johannes 14,9). Und der Apostel Johannes bestätigt*: Kein Mensch hat jemals Gott gesehen. Doch sein einziger Sohn, der den Vater genau kennt, hat uns gezeigt, wer Gott ist* (Johannes 1,18).

Mit dem Kommen des Geistes werden die Jünger daran erinnert, alles zu tun, was Jesus sie gelehrt und ihnen geboten hatte. Der Geist macht es möglich, dass wir zum Vater beten können (Römer 8,26). Und durch den Geist können wir mit Menschen aus anderen Kulturen zu christlicher Gemeinschaft finden (Apostelgeschichte 10). In beiden Fällen ist es die Gabe des Geistes, die Kommunikation und Verständigung ermöglicht. Durch das Kommen des Geistes entsteht die Gemeinschaft des Glaubens. In ihr regiert Jesus durch die Autorität, die ihm der Vater gegeben hat. Sie stellt die gestörte Gemeinschaft des Reiches Gottes und des Geistes wieder her und hebt alle durch die Sünde verursachte Zerstörung auf.

Der christliche Glaube an die Dreieinigkeit Gottes bewirkt eine fünffache Hoffnung:

- Gott selbst ist als Vater, Sohn und Heiliger Geist ein Gott der Gemeinschaft.
- Die drei Personen der Trinität vermitteln uns ein christliches Beziehungsmodell.
- Vielgestaltigkeit, sowohl in Gott selbst wie auch in seiner Gemeinde, ist eine Gabe und ein Reichtum und keine Gefahr oder Bedrohung.
- Das gemeinsame Werk des Vaters, Sohnes und Heiligen Geistes in Schöpfung, Erlösung und Neugestaltung prägt das Wesen des Reiches Gottes und der ganzheitlichen Mission der Kirche.
- Dank des Wirkens des Heiligen Geistes erhalten wir Anteil an der göttlichen Gemeinschaft in der heiligen Trinität.

Meistens werden die menschlichen Institutionen von Ehe und Familie nicht bezogen auf die Beziehung innerhalb der göttlichen Dreieinigkeit. Überraschender Weise aber gebraucht die Bibel häufig Bilder von menschlichen familiären Beziehungen, um das göttliche Wesen zu beschreiben. Unser Verständnis von Vaterschaft soll nicht aus unseren guten oder schlechten Erfahrungen entspringen, sondern sich von der Vaterschaft Gottes ableiten (Epheser 3,15). Und der Prophet vergleicht das Erbarmen Gottes und seine Fähigkeit, zu trösten, mit denen einer Mutter (Jesaja 66,13). An anderer Stelle erfahren wir, dass Gott mit seinem Volk eine Bundesbeziehung hat wie Ehemann und Ehefrau. Entsprechend soll auch der menschliche Ehebund sich auszeichnen durch Treue und Unauflöslichkeit. Jesus hat eine Beziehung zur Gemeinde wie die eines Verlobten zu seiner Verlobten, vergleichbar mit dem biblischen Hohelied der Liebespartner.

Jesus, der Sohn, ist darin vollkommen, was Liebe und Gehorsam zum Vater betrifft. Und der Vater liebt ihn außerordentlich (Johannes 3,35). Aber in gleicher Weise liebt er auch jeden „verlorenen Sohn“, jede „verlorene Tochter“.

Die zwischenmenschlichen Beziehungen in christlichen Familien orientieren sich am Wesen Gottes (Epheser 5,21–6,9). Und der Heilige Geist ist es, der Einheit und ein Band des Friedens bewirkt (Epheser 4,3).

Der Schöpfer und seine neue Schöpfung

Wir glauben, dass die Erde und alles in ihr dem Herrn gehören. Und alles hat seinen Ursprung im schöpferischen Wort Gottes (Psalm 24,1). Gott ist nicht den Dimensionen von Raum und Zeit unterworfen. Er ist auch nicht durch seine Schöpfung und ihre Ordnung begrenzt. Gott hat dem Weltall seinen Anfang gegeben und wird auch die Menschheitsgeschichte zu ihrer Vollendung führen.

Wir kennen nicht alle wissenschaftlichen Details noch alle historischen Momente des Schöpfungswerkes Gottes. Aber wir sind überzeugt, dass ein weiser Schöpfer hinter der Intelligenz, der Schönheit, der Artenvielfalt und der Komplexität der Schöpfung steht. Gott hat nicht nur der Schöpfung ihren Ursprung gegeben, er erhält sie auch mit seinem Wort und seinem Geist.

Die Kräfte des Bösen und die menschliche Rebellion haben Gottes Schöpfung misshandelt und heruntergewirtschaftet, was eine Beleidigung des Schöpfers ist. Aber Gott selbst ergreift die Initiative, um wiederherzustellen, was er geschaffen hat. Denn er kann das Werk seiner Hände nicht aufgeben (Psalm 138,8). Mit der Sendung seines Sohnes Jesus Christus und mit der Ausgießung des Heiligen Geistes führt Gott das Werk seiner neuen Schöpfung weiter.

Wer Christus nachfolgt und die Kraft des Heiligen Geistes kennt, hat schon neue Schöpfung in seinem eigenen Leben erfahren. Und so wird er zum Bevollmächtigten der Wiederherstellung. Das Reich Gottes, in Bewegung gesetzt durch Christus und vorangetrieben durch die Kraft des Heiligen Geistes und seine Kirche, lebt und bezeugt diese wiederherstellende Neuschöpfung.

Jesus lehrt seine Jünger beten: *Dein Reich komme, dein Wille geschehe wie im Himmel, so auch auf Erden* (Matthäus 6,10). Die Gemeinde hat die Freude zu erleben, dass in ihrer eigenen Gemeinschaft und sogar darüber hinaus dieses Gebet Gestalt anzunehmen beginnt. Wer Christus nachfolgt, empfängt schon jetzt Identität und Bürgerschaft vom Himmel her, vom Neuen Jerusalem (Philipper 3,20). Doch die wiederherstellende Neuschöpfung Gottes wird erst für alle sichtbar werden, wenn Christus in Herrlichkeit wiederkehrt und Himmel und Erde wieder vereint.

Die Menschheit ist gefallen

Auch der Mensch hat seinen Ursprung in Gottes Zielsetzung und Gestaltung. Gott hat ihn als Mann und Frau erschaffen und dazu bestimmt, in gegenseitiger Gemeinschaft und in der Gemeinschaft mit Gott zu leben und für die Schöpfung zu sorgen.

Der Ursprung des Bösen ist uns nicht bekannt. Aber wir nehmen seine zerstörerischen Kräfte wahr, sowohl in der Vergangenheit als auch in der Gegenwart. Die von Gott geschaffene Menschheit verließ die Gemeinschaft mit Gott und ließ sich sogar zum Widerstand gegen Gott hinreißen. Seither haben die Sünde und das menschliche Elend verschiedene Formen angenommen. Sie alle sind verursacht durch den Bruch, den die geschaffene Menschheit mit ihrem Schöpfer und seinen Lebensordnungen vollzogen hat.

Dem Schöpfungsbericht zufolge hatte das erste Menschheitspaar kein Vertrauen in Gottes gute Absichten. Sie wollten Gott gleich, ihm gar überlegen sein. Bis heute sind die Menschen dabei, Gott zu misstrauen und gegen ihn zu rebellieren. Das hatte verheerende Folgen: Die Menschen verloren ihre Würde und fühlten sich bloßgestellt; sie verloren ihre Freiheit und fühlten sich schuldig; sie verloren das Vertrauen in Gott und begannen, sich zu fürchten.

Die Menschheit wurde in Gottes Bild geschaffen und empfing von ihm das Leben. Doch dieser göttliche Ursprung hat, durch Sünde verursacht, einen drastischen Zerfall erlebt. So ist die Ebenbildlichkeit Gottes zwar nicht ausgelöscht, aber schmerzhaft entstellt.

Wir stellen fest, dass zwischen dem Wesen Gottes und dem des Menschen eine abgrundtiefe Differenz liegt. Dennoch haben wir Menschen die Möglichkeit und auch die Berufung, eine heilsame neue Beziehung zum Schöpfer einzugehen. In Christus bietet sich Gott an, unser Vater zu werden und uns als seine Kinder anzunehmen.

Gott beruft ein Volk zur Treue

Gott, der sich uns in der Gemeinschaft des Vaters, Sohnes und Heiligen Geistes zu erkennen gibt, will die Gemeinschaft mit dem Menschen durch die Bildung eines Volkes wiederherstellen. Dieses Volk soll sich mit ihm in bedingungsloser Verbindlichkeit identifizieren.

Die Bibel erzählt uns, dass Gott in Noah jemanden fand, der bereit war, ihm zu vertrauen und ihm die Treue zu halten. Gott rettete ihn mit seiner ganzen Familie und der Tierwelt vor der Flut und schloss mit ihnen einen Bund, der das Versprechen einschließt, die Schöpfung nie mehr zu zerstören (1. Mose 9,9–17).

Mit der Berufung Abrahams begann Gott, ein Volk zu bilden, das berufen ist, ein Segen für alle Völker zu werden (1. Mose 12,3). Das Vertrauen Abrahams und sein Gehorsam gegenüber Gott machten ihn zum Vater des Glaubens und der Gerechtigkeit. Diese Gerechtigkeit besteht in einer geordneten und gelebten Beziehung zu Gott.

Mit Mose und dem Auszug aus Ägypten gibt Gott sich als Befreier eines unterdrückten Volkes zu erkennen. Er bekundet seine Vorgaben für menschliche Gemeinschaft durch die Zehn Gebote, die Feste und die sozialen Anweisungen für das Leben im verheißenen Land. Israels Könige und Propheten bezeugen, dass Jerusalem den Auftrag hat, ein Licht der Heiden zu sein. Als Bundesvolk ist es berufen, Erlösung und gottgewolltes Leben zu bezeugen.

Jesus lehrt seine Jünger, dass es Gott weder um Tradition noch Religiosität geht. Es geht vielmehr darum, seinen Willen zu verstehen und zu tun. Mit dem Kommen des Heiligen Geistes erhielten die Jünger Kraft, sich öffentlich mit dem Weg Jesu zu identifizieren. Sie begannen jedermann einzuladen, sich auf die Seite Jesu zu stellen, die Gabe des Heiligen Geistes sowie die Taufe zu empfangen. So entstand die Gemeinde Jesu Christi. Sie ist das neue Bundesvolk, gesandt zu allen Völkern, um die Neuschöpfung zu bezeugen, die durch das Kommen des Reiches Gottes im Werden ist.

Dieses neue Volk soll sich durch Treue auszeichnen. Wie Jesus treu war, sollen auch wir treu sein. Und wir haben an der Aufgabe mitzuwirken, dass Menschen Jünger werden, die *alles halten, was Jesus geboten hat* (Matthäus 28,20).

Wie kann das geschehen? Wer sich bereit erklärt hat, Jesus zu folgen, und auch den Heiligen Geist empfangen hat, muss deshalb ja nicht schon automatisch alles wissen.

Jesus sagt, dass sie weiter unterwiesen werden müssen (Matthäus 28,20). Wenn Paulus von den wichtigen Funktionen der Leiter in der Gemeinde spricht, macht er deutlich: ihre Aufgabe besteht darin, *die Heiligen zuzurüsten zum Werk des Dienstes* (Epheser 4,12). Und als die Apostel selbst verunsichert waren und herausfinden mussten, was Christustreue einerseits in der hebräischen und andererseits in der griechischen Kultur bedeutet, sahen sie sich genötigt, eine theologische Beratung einzuberufen (Apostelgeschichte 15). Die Lehre, die Zurüstung und die Theologie sind dazu da, damit wir Jesus in allen Lebenslagen und in allen Kulturtraditionen die Treue halten können.

Wir wollen treue Gemeinschaft üben

Das Wunder der Entstehung der Kirche bestand in der Bildung einer menschlichen Gemeinschaft mit außerordentlichen Kennzeichen. Die Apostelgeschichte erzählt, dass die ersten Gläubigen Zeichen und Kraftwirkungen erlebten und enge Gemeinschaft pflegten. Sie teilten sogar ihr Eigentum, damit niemand Not leiden sollte. Sie kamen im jüdischen Tempel zusammen, aber auch in den Wohnhäusern, um Gott zu loben. Jeden Tag kamen neue Menschen, die gerettet worden waren, zur Gemeinde dazu. Als Gemeinschaft wurden sie von der Gesellschaft geachtet und man war ihnen wohl gesonnen. *Diese ersten Christen ließen sich regelmäßig von den Aposteln unterrichten und lebten in brüderlicher Gemeinschaft, feierten das Abendmahl und beteten miteinander* (Apostelgeschichte 2,42–47).

Der Geist der Geschwisterlichkeit ist unverzichtbar, um die Bibel richtig zu verstehen und Entscheidungen in der Gemeinde und für die Gemeinde zu treffen. Geschwisterlichkeit ist auch gefragt, um einander zu ermutigen und zu korrigieren. Gleiches gilt, wenn es darum geht, jene wieder zu gewinnen, die gleichgültig oder ablehnend geworden sind im Blick auf ihren Bund mit Gott oder auch in ethischen Fragen. Die Gemeinschaft leistet geistliche, wirtschaftliche und emotionale Unterstützung in Zeiten des Leids und des Verlustes: Tod, Krankheit, Enttäuschungen und Täuschungen des Lebens. Aber auch frohe Anlässe wie Hochzeiten, Jubiläen, Feste und Erfolge feiert die Gemeinde miteinander.

Das Abendmahl ist für die Glaubensfamilie ein sichtbarer Ausdruck der Gemeinschaft mit Gott und untereinander. Wenn wir daran teilnehmen, sind wir versöhnt und miteinander verbunden. Und diese Verbundenheit übersteigt Raum und Zeit genauso wie nationale und kirchliche Grenzen. In ihrer Gemeinschaft fühlt sich die Kirche verbunden mit dem weltweiten Leib Christi, zugleich in besonderer Weise verbunden mit der weltweiten Familie täuferischer Gemeinden.

Wir wollen treu anbeten

Als Gott sein Volk aus der ägyptischen Gefangenschaft erlöste, führte er es in die Freiheit. Dort sollten sie ihn, frei von jeglichem Götzendienst, anbeten (2. Mose 5,1). Die Gläubigen in biblischer Zeit verehrten Gott vor allem im Feiern, in Dankopfern und im Nacherzählen der großen Taten Gottes in der Geschichte. Paulus gibt den Ephesern ein Beispiel der Anbetung, indem er die Heilsgeschichte nacherzählt: Gott hat uns erwählt, angenommen und vor ihm angenehm gemacht. In Jesus werden wir frei von unseren Sünden, lernen, seinen Willen zu begreifen, und sehnen uns nach der Vereinigung von Himmel und Erde unter seiner Herrschaft. Der Heilige Geist ist unser Erbe, das Zeichen unserer Zugehörigkeit zu Gott und ein Vorgeschmack auf großartige Dinge, die noch kommen werden (Epheser 1,3–14). Die Psalmen, das Buch der Offenbarung und die vielen Gedichte und Lieder in der Bibel erzählen uns, wie wir Gott angemessen verehren können.

Jesus protestiert gegen fruchtlose religiöse Traditionen. Er fordert uns auf, Gott im Geist, in Wahrheit und mit dem täglichen Leben zu verehren: *Diese Leute können schön über Gott reden, aber mit dem Herzen sind sie nicht dabei* (Matthäus 15,8). *Witwen und Waisen in ihrer Not zu helfen und sich vom gottlosen Treiben dieser Welt nicht verführen zu lassen: das ist wirkliche Frömmigkeit, mit der man Gott, dem Vater, dient* (Jakobus 1,27).

Der Gottesdienst kann vielgestaltig sein: verschiedene Formen des Gesangs, das Bekenntnis der Sünden und Versöhnung untereinander, Schriftlesung und Verkündigung des Wortes Gottes, Zeugnisse, um Anteil zu geben und zu nehmen an Siegen und Niederlagen, oder auch künstlerische Gestaltungsmöglichkeiten. Aber das Ziel jedes Gottesdienstes ist die „Bundeserneuerung", die Erneuerung unserer Selbstverpflichtung gegenüber Gott und der Gemeinde, um verbindlich als Gläubige zu leben und uns dem Dienst für Gott zur Verfügung zu stellen (Römer 12,1–2).

Wir wollen treu dienen

Als Jesus einmal seinen Jüngern den Auftrag erklären wollte, der ihn in die Welt gebracht hatte, lud er sie zu einem Festessen ein und wusch ihnen die Füße. Mit diesem Beispiel wollte er auch uns zeigen, dass Dienen die herausragendste göttliche Eigenschaft ist. Sie steht im schroffen Gegensatz zu der Haltung der Mächtigen dieser Welt: *Die Könige herrschen über die Völker wie Tyrannen ... Aber gerade so darf es bei euch nicht sein. Wer groß sein will, der soll den anderen dienen ... Auch der Menschensohn ist nicht gekommen, um sich dienen zu lassen. Er kam, um selbst zu dienen und mit seinem Leben dafür zu bezahlen, dass viele Menschen aus der Gewalt des Bösen befreit werden* (Matthäus 20,25–28).

Sehr früh schon wählte die erste Gemeinde Diakone. Ihre Aufgabe bestand darin, die Gemeinde zum Dienen anzuleiten. Diakone mussten vom Heiligen Geist erfüllt sein und sich eines guten Rufes erfreuen. Einige wurden später Evangelisten. Zu den Aufgaben der Diakone gehörte es, ethnische Konflikte zu lösen, sich um gerechte Verhältnisse zu kümmern und sicherzustellen, dass Menschen in Not angemessene Unterstützung fanden. In Zeiten des Hungers sammelte der Apostel Paulus eine große Kollekte unter den jungen Missionsgemeinden und überbrachte sie der verarmten Muttergemeinde in Jerusalem. Und er gab allen Gläubigen folgende Anweisung: *Lasst also nicht nach in eurem Bemühen, Gutes zu tun ... wir wollen allen Menschen Gutes tun; vor allem aber denen, die mit uns an Jesus Christus glauben* (Galater 6,9–10).

Der Dienst der Gemeinde richtet sich nach innen an die eigene Gemeinschaft, aber auch darüber hinaus an ihre Umgebung. Sie will der Gesellschaft dienen, was auch eine politische Dimension hat. Der Dienst richtet sich auf alle menschlichen Nöte: emotionale, geistliche, wirtschaftliche, gesundheitliche wie auch auf Erziehung, Gewalt, Naturkatastrophen, Krieg, Gefangenschaft und Ungerechtigkeit. Christlicher Dienst genauso wie Evangelisation, gegenseitige Erbauung, Gemeinschaft und theologische Arbeit sind keine Einbahnstraße: All diese Ausdrucksformen der Nachfolge Jesu müssen von den christlichen Gemeinden *aller* Nationen ausgehen und sich an Menschen in *allen* Nationen wenden. Denn die Kirche wird sichtbar in jeder einzelnen Ortsgemeinde, aber auch im weltweiten Leib Christi.

Wir wollen das Evangelium treu bezeugen

Im biblischen Sprachgebrauch wird für Zeugen und Märtyrer ein und dasselbe Wort benutzt. Ein Zeuge ist jemand, der bestätigt und in Worte fasst, was er gesehen und gehört hat. Und ein Märtyrer ist jemand, der bereit ist, sein Leben einzusetzen, um seine Aussage zu bezeugen. Mit dem Kommen des Heiligen Geistes versprach Jesus seinen schüchternen Jüngern, dass sie seine Sache bezeugen würden in Judäa, Samaria und bis ans Ende der Welt (Apostelgeschichte 1,8). Der Heilige Geist begleitet das Zeugnis der Jünger, er überzeugt Menschen und wirkt Zeichen und Wunder. Jesus selbst ist der, der Gott am treuesten bezeugt hat (Offenbarung 1,5).

Die Gemeinde bezeugt Jesus und seine Botschaft durch ihr lebendiges Dasein. Jesus spricht seinen Jüngern die Funktion zu, Salz der Erde und Licht der Welt zu sein. Damit will er sagen, dass die Gegenwart seiner Nachfolger und Nachfolgerinnen eine verändernde Wirkung auf ihre Umgebung haben wird: *Heute gebe ich euch ein neues Gebot: Ihr sollt einander lieben, so wie ich euch geliebt habe. An eurer Liebe untereinander wird die Welt erkennen, dass ihr meine Jünger seid* (Johannes 13,34–35). Deshalb ist es so wichtig, dass dem Leben und Zeugnis der Gemeinde höchste

Beachtung geschenkt wird. Nicht nur einzelne Missionare, sondern ganze Gruppen Gläubiger sollten dahin (um)ziehen, wo es nur ein schwaches christliches Zeugnis gibt, um so ein Werkzeug der Hoffnung und der guten Nachricht Jesu zu sein.

Die Gemeinde bezeugt Jesus und seine Botschaft, wenn sie sich evangelistisch zu Wort meldet. Es wäre naiv, zu meinen, das christliche Zeugnis bedürfe keiner Verkündigung oder verbalen Erklärung. Philippus, der Diakon und Evangelist, traf auf einen hohen äthiopischen Regierungsbeamten, während dieser die Bibel las. Er fragte ihn: *Verstehst du, was du liest? Dieser sprach: Wie kann ich verstehen, wenn mir niemand eine Erklärung gibt? ... Darauf fing Philippus an, ausgehend von diesem Bibelabschnitt, ihm das Evangelium von Jesus klar zu machen* (Apostelgeschichte 8,30–35). Franz von Assisi (1181/82–1226) sagte: „Verkünde das Evangelium jederzeit. Aber benutze Worte nur, wenn wirklich nötig.“ Die Gemeinde bezeugt Jesus und seine Botschaft durch prophetisches Reden. Jesus war König und Priester, aber er war auch ein Prophet. So hat auch seine Gemeinde eine prophetische Rolle, öffentlich anzuklagen und Missstände aufzudecken. Martin Luther King Jr. und Dietrich Bonhoeffer wurden zurecht als Propheten bezeichnet, weil sie Rassismus und Diskriminierung anklagten. Sie haben mit ihrem Leben dafür bezahlt.

Wenn die Kirche Gewalttätigkeit und Ungerechtigkeit verurteilt und sich weigert, gegen irgendwelche Feinde eine Waffe zu ergreifen, bezeugt sie damit das Wesen und die Liebe Jesu Christi. Wenn sie bessere Formen aufzeigt für das menschliche Zusammenleben, für die Lösung von Konflikten, für die Bewahrung der Schöpfung und die Verwaltung der Güter, dann weist sie damit hin auf die vollkommene Ewigkeit, die wiederherstellende Neuschöpfung und auf das Reich Gottes, das auf Erden bereits begonnen hat. Indem die Gemeinde nicht mitmacht bei Betrug, Korruption, Götzendienst, Hass, Verachtung, Diskriminierung und Materialismus, ruft sie öffentlich auf zur Sinnesänderung und Abkehr von jeglicher Form der Sünde.

Miteinander ins Gespräch kommen

1. Wie äußert sich bei euch die Geistesgabe der Sprachenrede?
2. Was denkt ihr über die Vorstellung, dass Gott als Vater, Sohn und Heiliger Geist ein Gott in Gemeinschaft ist?
3. In welcher Hinsicht können die drei Personen der Dreieinigkeit ein christliches Modell für Beziehungen sein?
4. Wie nehmt ihr Gottes fortwährende Fürsorge für die Erhaltung der Schöpfung wahr?
5. Wie habt ihr erfahren, dass der Schöpfergott Bloßgestelltsein, Schuld und Angst bewältigt, was wir – wie Adam und Eva – heute noch so schmerzvoll erleben?
6. Warum will Gott nicht einfach nur durch einzelne Menschen, sondern durch die Gemeinschaft wirken? Warum ist die Bundesgemeinschaft so ausschlaggebend?
7. Was gehört zur Gemeinschaft außer „eine gute Zeit miteinander zu haben"?
8. Überlegt, auf welche Weise das Abendmahl beides ausdrücken kann: eine konkrete Gemeinschaftserfahrung in der örtlichen Gemeinde und die Teilhabe am Leib Jesu, die Raum und Zeit überschreitet.
9. Vergegenwärtigt euch eure Gottesdienste: Wie führen sie dazu, dass die Teilnehmenden ihren persönlichen Bund mit Gott und der Gemeinde erneuern? Auf welche Weise tragen sie dazu bei, sich dem Dienst für Gott (neu) zu verpflichten?
10. Wie nimmt eure Gemeinde beides wahr: die Nöte der Umgebung und Gesellschaft sowie die der eigenen Geschwisterschaft?
11. Wie bringen wir den Ruf zum Dienst und zur evangelistischen Verkündigung (wieder) zusammen, wie es uns das Beispiel der Diakone in den ersten Gemeinden zeigt?
12. Was braucht eure Ortsgemeinde und euer Gemeindeverband von anderen Gemeinden und Kirchen innerhalb der weltweiten Geschwisterschaft?
13. Wie gibt eure Gemeinde konkret ein treues Zeugnis?

Wir sind eine Glaubensgemeinschaft,
die das Erlösungswerk des Sohnes ehrt:

Jesus ist der Sohn Gottes. Er hat uns durch sein Leben und seine Lehre, seinen Tod am Kreuz und seine Auferstehung gezeigt, wie wir ihm im Glauben treu nachfolgen können. Er hat die Welt erlöst und ewiges Leben verheißen.

2. Ehre sei dem Sohn

Jesus offenbart uns, wie Gott ist

Jesus Christus wurde vor fast 2000 Jahren von einer jungen jüdischen Frau geboren. Als sie Gottes Pläne begriff, verfasste sie ein wunderschönes Anbetungslied. Sie besingt, dass der Sohn, dem sie das Leben schenken soll, der vom Volk Israel erwartete Messias ist. Als das Kind das Licht der Welt erblickte, erhielt es den Namen Jesus, was soviel bedeutet wie: Gott hilft. Und der griechische Begriff *Christus* bedeutet *Messias,* hebräisch für „Gesalbter Gottes".

Christus pflegte sich selbst als „Menschensohn" zu bezeichnen. Als Jesus anfing, Jünger um sich zu sammeln und sie mit der neuen Zeit, die Gott brachte, bekannt zu machen, sagte er von sich selbst: *Der Menschensohn ist gekommen, Verlorene zu suchen und zu retten* (Lukas 19,10). Seine Geburt und Jugendzeit, sein gesellschaftliches Leben und seine körperlichen Bedürfnisse, seine Freuden und seine Leiden, seine Kämpfe mit Versuchungen und sein Entschluss, Gottes Nähe zu suchen – all das beweist uns, dass er vollkommen menschlich war. Das behaupteten auch die, die mit ihm lebten: *Deshalb musste er uns, seinen Brüdern, auch in allem gleich sein* (Hebräer 2,17).

Später schrieben die Jünger die Evangelien in der Überzeugung, dass Jesus der Sohn Gottes war. Sie hatten von seiner wundersamen Geburt gehört und von der Weisheit, die er schon in jungen Jahren besaß, was auch die Gelehrten seiner Zeit tief beeindruckte. Einige Jünger waren bei seiner Taufe dabei gewesen, als der Heilige Geist sichtbar über Jesus kam. Sie waren Zeugen geworden von Wundern und Heilungen, die man sich, menschlich gesehen, nicht erklären konnte. Als sie einmal gemeinsam auf dem Berg Tabor waren, überkam sie eine Vision, in der sie Jesus in göttlicher Gemeinschaft mit Moses und dem Propheten Elia sahen.

Eines Tages war die Menge geteilter Meinung über Jesus. Da fragte er seine Jünger: *Und für wen haltet ihr mich? Darauf ant-*

wortete Petrus: Du bist Christus, der von Gott verheißene Retter, der Sohn des lebendigen Gottes (Matthäus 16,15–16). Und als es gefährlich wurde, ihm weiter nachzufolgen, bot Jesus seinen Jüngern an, ihn zu verlassen. Aber sie antworteten: *Herr, zu wem sollen wir gehen? ... Nur deine Worte bringen ewiges Leben. Wir glauben und haben erkannt, dass du Christus, der Sohn Gottes bist* (Johannes 6,68–69).

Deshalb ist die christliche Glaubensgemeinschaft überzeugt, dass Christus ein außerordentlicher und einzigartiger Mensch war: er war 100 Prozent Gott und 100 Prozent Mensch. Er war absolut göttlichen Ursprungs und offenbarte uns das Herz und das Wesen Gottes. Er war auch völlig menschlichen Ursprungs und zeigte uns, wie das Wesen des Menschen aussieht, das Gott in uns wiederherstellen will.

Wir glauben, dass die christlichen Überzeugungen ein besonderes Element beinhalten, das so nicht in anderen Religionen zu finden ist: Gott selbst wird Mensch, um sich uns verständlich zu machen. Er wird Mensch, um uns nicht allein zu lassen, sondern mit uns zu gehen und uns seine Liebe zu schenken. Jesus Christus hilft uns, mögliche falsche Gottesvorstellungen zu korrigieren. Er behauptet: *Denn ich und der Vater sind eins* (Johannes 10,30). *Wer mich gesehen hat, der hat auch den Vater gesehen* (Johannes 14,9). Deshalb sollen wir auf Jesus schauen, wenn wir wissen wollen, wer Gott ist und was Gott vorhat.

Jesu Leben ist unser Vorbild

Albert Schweitzer (1875–1965) war ein anerkannter Theologieprofessor an der Universität Straßburg, Frankreich. Daneben war er auch schon als Organist berühmt geworden und hatte sich als Experte für Bachs Kirchenmusik einen Namen gemacht. Seine Orgelkonzerte waren eine Attraktion. Er berichtete, dass er den Ruf Jesu gehört habe, ihm in seinem Leben nachzufolgen. Deshalb entschloss er sich mit 30 Jahren, Medizin zu studieren und den Rest seines Lebens für die bedürftige Bevölkerung im heutigen Gabun in Afrika einzusetzen. Sein Hospital in Lambaréné ist nicht nur Ausdruck eines authentischen christlichen Humanismus. Es bezeugt auch: Wer Christus in seinem Leben nachfolgt, wird zum Segen für Menschen, die sich am Rande der Gesellschaft befinden.

Jesus ist der Weg. Er ist auch die Wahrheit und das Leben. Niemand kann zu Gott kommen, wenn er nicht auf diesem Weg geht, diese Wahrheit lernt und Teil dieses Lebens ist (Johannes 14,8). Paulus spricht davon, wie wichtig es ist, diese Wirklichkeit zu erfassen: Christus ist in euch und schenkt Hoffnung auf die Herrlichkeit Gottes (Kolosser 1,27). Und: In Christus zu leben befreit uns von der Macht der Sünde und des Todes (Römer 8,2).

Jesus ist der Arzt (2. Mose 15,26). Er war kaum drei Jahre öffentlich tätig. Dabei widmete er einen großen Teil seiner Zeit und seiner Kraft den Kranken. Die Aussätzigen waren zu jener Zeit gesellschaftlich völlig ausgegrenzt, aber Jesus identifizierte sich mit ihnen. Die Besessenen litten besonders unter der Unterdrückung durch den Teufel und die Kräfte des Bösen; Jesus befreite sie. Aber auch viele, die seelisch oder körperlich gebrochen waren, Depressive und Mutlose, Junge und Alte, kamen zu ihm. Und sie lernten ihn kennen als den göttlichen Heiler.

Jesus ist der Lehrer und Meister. Scharenweise kamen Menschen, um ihn zu hören. Seine Unterweisung trug ihm den hebräischen Titel *Rabbi* ein. Dabei lehrte Jesus nicht nur durch Reden und Gleichnisse, sondern auch durch das Beispiel seines Lebens: Ob Berg, Boot, Tempel, Synagoge, Festessen oder persönliche Begegnungen, Jesus nutzte jede sich bietende Gelegenheit und jeden Ort. Am Ende der Bergpredigt lesen wir: *Als Jesus seine Rede beendet hatte, waren die Zuhörer tief betroffen. Denn was er gesagt hatte, waren nicht leere Worte wie bei ihren Schriftgelehrten* (Matthäus 7,27–28).

Jesus ist der gute Hirte (Johannes 10,12). Als solcher beschützte er die Gruppe seiner Jünger und leitete sie an. Aber er wollte auch „die hilflosen alleingelassenen Schafe" des Volkes Israels sammeln, die unter der Gewaltherrschaft des Römischen Reiches litten (Matthäus 9,36). Er lud alle ein, die sich geschunden und überlastet fühlten, um bei ihm Ruhe zu finden (Matthäus 11,28). Und die von ihm gebrachte Erlösung beschrieb er als Beziehungssache: *Meine Schafe erkennen meine Stimme; ich kenne sie, und sie folgen meinem Ruf. Ihnen gebe ich das ewige Leben, und sie werden niemals umkommen. Niemand kann sie aus meiner Hand reißen* (Johannes 10,27–28).

Jesus ist unser Freund. Die religiösen Autoritäten seiner Zeit beschuldigten ihn, ein Freund der Zöllner und Sünder zu sein (Lukas 7,34). Und als sein Freund Lazarus starb, war Jesus so gerührt, dass er weinte. Seinen Jüngern sagte er: *Die größte Liebe beweist jemand, der sein Leben für die Freunde hingibt ... Ich nenne euch nicht mehr Knechte ... Ihr aber seid meine Freunde, denn ich habe euch alles gesagt, was ich vom Vater gehört habe* (Johannes 15,13–15).

Jesu Lehre gibt uns Orientierung

Jesus begann seinen Lehrdienst unter dem Anspruch und Zuspruch, dass die messianischen Verheißungen des Alten Testaments in ihm erfüllt wurden (Lukas 4,21). Somit wurde er zum begabtesten Lehrer, um die Geschichte, das Gesetz, die Propheten und die Weisheitsliteratur des Volkes Gottes auszulegen.

Jesus stellt die Werte auf den Kopf. Die Jünger wurden mit einer neuen Ethik vertraut gemacht und lernten ein neues politisches Programm kennen, als sie die Seligpreisungen und die Bergpredigt hörten (Matthäus 5–7). Jesus nennt die glücklich, *die erkennen, wie arm sie vor Gott sind, die Traurigen, die auf Gewalt verzichten, die sich nach Gottes Gerechtigkeit sehnen, die Barmherzigen, die ein reines Herz haben, die Frieden stiften, die verfolgt werden, weil sie Gottes Willen tun, und die verachtet und zu Unrecht verleumdet werden, weil sie ihm nachfolgen* (Matthäus 5,3–11).

Jesus schafft eine neue Gottesdienstform. Unter den radikalsten Lehren Jesu befinden sich Anweisungen über Gebet und Gottesdienst. Er empfahl seinen Jüngern, lange Gebete zu vermeiden, ebenso Wohltätigkeit, die öffentlich beachtet wird. Er lehrte, dass Hilfe für den Nächsten nicht um der Anerkennung willen geschehen soll und dass man auch im Verborgenen zu Gott beten kann. Für das gemeinsame Gebet gab er ihnen das *Vater unser*. Es zeigt uns in wenigen Worten beispielhaft, wie man für das Kommen seines

Reiches und für unsere persönlichen sowie geistlichen Bedürfnisse beten soll (Matthäus 6,1–34).

Jesus verkündigt die Ethik der Liebe. Er verbot seinen Jüngern, Geld zu lieben und materielle Güter zu vergöttern. Er mahnte, die Besitzlosen und Ausgegrenzten genau so zu lieben wie enge Freunde. Und für alle Fälle forderte er, Böses durch Gutes zu überwinden, auf Rache zu verzichten und es zu vermeiden, dass sich Feindseligkeiten im Herzen einnisten. Er lehrte seine Nachfolger und Nachfolgerinnen, den Hass der Welt mit Sanftmut aufzufangen. *Ich sage aber: Liebt eure Feinde und betet für alle, die euch hassen und verfolgen! Auf diese Weise handelt ihr nämlich als Kinder eures Vaters im Himmel* (Matthäus 5,44–45).

Jesus fordert uns auf, auf die Zukunft vorbereitet zu sein. Als Jesus seine Nachfolger verließ, um in den Himmel aufgenommen zu werden, hielt er sie an, in der Kraft des Heiligen Geistes weiter zu wirken, bis er in Herrlichkeit wiederkommen wird (Lukas 19,13). Zukunftsorientiert zu leben bedeutet einerseits, *Schätze im Himmel zu sammeln* und sein Herz in der Lebensweise des Reiches Gottes verankert zu wissen (Matthäus 6,19–21). Aber es bedeutet auch, auf das letzte Gericht vorbereitet zu sein, in dem jeder Mensch Verantwortung übernehmen muss für die Dinge, die er zu Lebzeiten getan und unterlassen hat (Matthäus 25,31–46).

Jesu Kreuzestod macht uns frei

Jesu Tod am Kreuz lehrt uns zu lieben. Der Apostel Paulus hätte manchen Grund gehabt, stolz auf sich zu sein und auf seine Leistungen zu pochen. Aber er betont nachdrücklich, dass das einzige, womit er sich hervortun kann, das Kreuz Jesu ist (Galater 6,14). Und wir, die wir heute Christus nachfolgen, bestätigen diese Tatsache, weil wir die Kraft und die Weisheit des Kreuzes kennen.

Das Kreuz ist der höchste Ausdruck der Liebe. Mit den geöffneten Armen umfasst der Gekreuzigte nicht nur seine geliebten Freunde, sondern auch seine Feinde und die ganze Welt. Liebe war seine Antwort auf religiöse und politische Führer, die ihn zynisch hinrichten ließen. Er liebte fanatische Egoisten, brutale Soldaten und eine herzlose Menschenmenge. Er schenkte seine Liebe den feigen Jüngern und verzweifelten Frauen: *Schon damals, als wir noch hilflos der Sünde ausgeliefert waren, ist Christus für uns gottlose Menschen gestorben. Denn Gottes Liebe ist in unsere Herzen ausgegossen* (Römer 5,5–6). Deshalb sind wir überzeugt, dass die Liebe Gottes, die am Kreuz sichtbar wurde, uns zu einer Familie macht.

Das Kreuz bringt Heilung. Unsere eigenen Widersprüchlichkeiten, unsere Selbstsucht, die zerstörerischen Kräfte und Mächte des Bösen, unsere vielen persönlichen und strukturellen Sünden, die ganze Gott entfremdete Schöpfung – all das verursacht Leid und Wunden. Aber das Kreuz Christi hat heilende Kraft, versöhnende Kraft. Durch seine Wunden sind wir geheilt (Jesaja 53,5). Das Kreuz heilt, indem es Menschen miteinander versöhnt: *Die entfernt waren, sind durch das Blut Christi nahe herangekommen* (Epheser 2,13). Durch das Kreuz versöhnt Gott *die beiden zu einem einzigen Leib, indem er die Feindseligkeit tötet* (Epheser 2,16). Deshalb sind wir davon überzeugt, dass das Kreuz Christi wie ein Heilmittel wirkt.

Das Kreuz stellt einen Sieg dar. Die Bibel erzählt durch Adam und Eva, wie wir Menschen von den Mächten des Bösen vereinnahmt und unterdrückt werden. Unsere eigene Kraft und unser Verantwortungsgefühl sind zu mangelhaft, um der Macht der Sünde in ihrer ganzen Dimension zu widerstehen und das Gute zu tun. Aber Christus sprach am Kreuz: *Es ist vollbracht* (Johannes 19,30). Wir glauben, dass er in diesem Augenblick einen kosmischen Sieg errang und uns an diesem Sieg teilhaben lässt. *Auf diese Weise wurden die finsteren dämonischen Mächte entmachtet und in ihrer Ohnmacht bloßgestellt, als Christus über sie am Kreuz triumphierte* (Kolosser 2,15). Deshalb brauchen wir keine Angst mehr zu haben: *In der Welt werdet ihr von allen Seiten bedrängt, aber vertraut darauf: Ich habe die Welt besiegt* (Johannes 16,33). Auf den ersten Blick mag das Kreuz wie eine Niederlage erscheinen, aber dann erweist es sich als Symbol des Triumphes über das Böse.

Das Kreuz stellt unsere Menschenwürde wieder her. Die Bibel lehrt uns, dass Sünde eine Kultur des Todes hervorbringt. Und die

„Knechte der Sünde" begehen Dinge, die man im Licht der göttlichen Gerechtigkeit als schändlich bezeichnen muss. Dank des Kreuzes hören wir auf, in *Unmoral und Unrecht zu verfallen, Dinge, für die wir uns heute schämen* ... Gott macht uns zu seinen *Dienern* und zu *Heiligen. Denn die Sünde wird mit dem Tod bezahlt. Gott aber schenkt uns in der Gemeinschaft mit Jesus Christus, unserem Herrn, das ewige Leben, das schon jetzt beginnt und niemals aufhören wird* (Römer 6,15–23). Das Kreuz ermöglicht ein Leben in Würde, das Gott ehrt und seiner neuen Schöpfung entspricht.

Das Kreuz befreit aus Gebundenheiten. Ein in Sünde verstrickter Mensch zu sein, beraubt uns nicht nur unserer Würde, wir werden auch schuldig vor Gott. Und weil wir für unsere unheilvollen Taten selbst verantwortlich sind, treibt uns das Schuldbewusstsein um. Was uns vor Gott schuldig macht, hat auch göttliche Verurteilung zur Folge. Unbereinigte Schuld kann uns auch depressiv machen. Aber durch das Kreuz Christi befreit Gott uns, indem er uns unsere Schuld erlässt, wenn wir sie bekennen. *Aber er hat euch mit Christus lebendig gemacht und alle Schuld vergeben. Gott hat den Schuldschein, der uns mit seinen Forderungen so schwer belastete, eingelöst und auf ewig vernichtet, indem er ihn ans Kreuz nagelte* (Kolosser 2,13–14). So werden wir durch das Kreuz Jesu frei von falschen Abhängigkeiten und schuldhaften Verstrickungen.

Christi Auferweckung gibt uns Hoffnung

In meinem Heimatland Paraguay gibt es einen sehr erfolgreichen und berühmten Journalisten. Da er jüdischer Herkunft ist und sich der Militärregierung widersetzte, erduldete er manche Misshandlung und Verfolgung. Er ist ein erklärter Bewunderer des Jesus von Nazareth. Das Leben und die Lehren Jesu stellen für ihn einen tiefen und großartigen Humanismus dar, der es wert ist, nachgeahmt zu werden. Aber mit den biblischen Berichten von der Auferweckung Jesu kann dieser Mann nichts anfangen.

Das Grab war leer. Nachdem Christus gestorben war, waren seine Nachfolger zutiefst verwirrt, enttäuscht, frustriert und verängstigt. Sie waren überzeugt, dies sei das Ende der Geschichte. Können wir uns ihre Überraschung, ihre Ungläubigkeit, aber auch ihre Freude und Euphorie vorstellen, als die ersten Zeugen am Ostermorgen feststellten, dass das Grab leer war? Nach mehreren Begegnungen mit dem Auferstandenen, der ihnen Frieden wünschte und ihnen die Furcht nahm, begannen sie die ganze Dimension der messianischen Sendung Christi zu begreifen.

Die Sache Jesu geht weiter. Die Apostelgeschichte berichtet von der atemberaubenden Fortsetzung der Geschichte Jesu. Durch seine Jünger und in der Kraft des Heiligen Geistes begann die gute Nachricht vom auferstandenen Jesus Christus als dem Messias der Welt, das ganze Römische Reich zu durchlaufen. Und an vielen Orten entstanden christliche Kirchen als sichtbarer Leib des lebendigen Christus.

Auch wir sind mit Christus auferstanden. Mit der Auferweckung Christi begann Gott in sichtbarer Weise die Erneuerung der Welt. Sie begann im Verborgenen und zunächst unsichtbar in den Köpfen und Herzen seiner Nachfolger. In der Kraft der Auferstehung bildeten sie eine neue, sichtbare Glaubensgemeinschaft. Das Reich Gottes gleicht einer Senfpflanze: kleiner Same – große Auswirkungen. Denn auch all das, was schlecht läuft in der gegenwärtigen Schöpfung Gottes, die Strukturen der Sünde, das Schädliche innerhalb der menschlichen Kulturen, hat ja seinen Ursprung und seine Kraft in den Gedanken und Herzen der Menschen.

Der Tod wird durch das Leben verdrängt. Die Bibel erzählt uns, dass der Feind Gottes gekommen ist, um zu *stehlen, töten und zu zerstören* (Johannes 10,8–10). All das, was im heutigen Zustand der Schöpfung schief läuft – strukturelle Sünde oder die schädlichen Aspekte in unseren Kulturen –, wurzelt im Denken und Handeln des Menschen und speist sich daraus. Aber genau an diesem Punkt bringt Jesus Lebensfülle. Der irrtümliche Weg Adams und Evas entfaltete in der Menschheit „Kulturen des Todes". Aber Christus bringt Auferstehung und Leben (Römer 5,12–19).

Victorino war ein Straßenjunge in Asunción, der im Staatsgefängnis Tacumbú gelandet war. Félix Duarte Dupont, selbst ein ehemaliger Gefängnisinsasse, ist heute Pastor und Leiter eines Resozialisierungsprogrammes der mennonitischen „Libertad"-

Gemeinde, die seit etwa 15 Jahren in diesem Gefängnis besteht. Während eines Gottesdienstes erzählte Félix, wie ihm einmal ein Straßenjunge ins Bein geschossen hatte, als dieser sein Mobiltelefon stehlen wollte. Da begann Victorino, der auch unter den Zuhörern war, sich zu erinnern, dass er unter Drogeneinfluss einmal auf einen Jogger im Park geschossen hatte. Tags darauf hatte die Zeitung berichtet, das Opfer sei ein Priester oder Pastor gewesen. Victorino fiel dann auch wieder ein, dass da ein Junge bei dem Priester gewesen war, der versucht hatte, diesen zu verteidigen. Victorino hatte dreimal auf das Gesicht des Jungen gezielt und abgedrückt, aber dreimal hatte sich kein Schuss gelöst. An jenem Abend hatte er seine Waffe geprüft und an jeder der drei Patronen Auslöserspuren festgestellt. Es gab keinen erkennbaren Grund, warum sie nicht explodiert waren.

Allmählich kam Victorino zu der Überzeugung, dass der Kerl, auf den er geschossen hatte, der Gefängnispastor Félix gewesen sein musste. Und der junge Bursche, bei dem seine Pistole versagt hatte, war offenbar dessen Sohn Marcello. Drei Monate später waren die drei zu Gast in einer Fernsehsendung. Sie erzählten, wie Jesus Christus Victorinos „Kultur des Todes“ verwandelt hatte in eine „Kultur des Lebens“ und wie Gottes Gnade Gewalt und Hass in den Herzen der drei umgestaltet hatte in Liebe.

Erneuerung ist aufgrund der Auferstehung möglich. Die Neuschöpfung Gottes entstammt der Auferstehung Christi. Sie wird machtvoll vorangetrieben durch den Heiligen Geist Gottes und durch die Kirche des auferstandenen Christus. Aber all das wird bei weitem übertroffen werden an jenem Punkt in der Zukunft, wenn Gott erneut auf sichtbare Weise in die Menschheitsgeschichte eintreten wird. Dann wird er sein Versprechen einlösen: *Schaut, ich mache alle Dinge neu* (Offenbarung 21,5). Die gesamte Schöpfung wird dann verwandelt werden.

Die Treue Jesu und unsere Treue

Erlösung bedeutet, eine treue Beziehung zu Jesus zu haben. Nein, wir werden niemals wie Jesus sein. Er war göttlich, wir sind menschlich. Aber weil er auch Mensch war, kann er voll und ganz unsere Begrenzungen und Versuchungen verstehen. Gleichwohl lädt er uns ein, mit ihm zu gehen und von seiner Treue zu lernen. *Orientiert euch an Jesus Christus ... Er erniedrigte sich selbst, wurde rechtlos wie ein Sklave ... und war Gott gehorsam bis zum Tode* (Philipper 2,5–8).

Wir wollen Jesus und seinem Weg treu bleiben. Deshalb folgen wir treu seinen Worten wie auch dem Beispiel seines Lebens. Wir wollen den Werten und Prioritäten, die er selbst gelebt und gelehrt hat, die Treue halten. Wir wollen treu sein in der Liebe zu Freunden und Feinden, wie er es sein Leben lang bis zum Kreuz vorgelebt hat. Und wir freuen uns, weil wir bereits am neuen Leben der Auferstehung teilhaben.

In der Bibel werden Treue und Gerechtigkeit eng miteinander verbunden. Weil Jesus treu war, sind wir vor Gott gerecht geworden. Aber diese zugesprochene Gerechtigkeit ist mehr als nur ein göttlicher Richterspruch. Er bedeutet auch, dass wir hinein genommen sind in die Treue und Gerechtigkeit Jesu, die er selbst gelebt hat. Sie soll auch unser Leben erfüllen und prägen, wofür der erwähnte Victorino ein gutes Beispiel ist. *Nachdem wir durch den Glauben von unserer Schuld freigesprochen sind, haben wir Frieden mit Gott durch unseren Herrn Jesus Christus. Er hat uns die Tür zu diesem neuen Leben mit Gott geöffnet* (Römer 5,1–2). Diese Aussage macht deutlich, dass unser Glaube nur Bestand hat, wenn Glaube und Treue zueinander finden.

Der Weg und das Werk Jesu erlösen die Welt

Christus ist der *König* für alle. Diesen Hoheitstitel verleiht ihm die Bibel (Offenbarung 1,5). Damit ist gesagt, dass er der Herr ist und höchste moralische wie geistliche Autorität besitzt. Sein Erneuerungswerk will die ganze Welt erreichen. Es ist offensichtlich, dass nicht alle Menschen Christus als König und Herrn anerkennen. Aber wir glauben, dass sich das in der Zukunft noch einmal ändern wird.

Christus ist ein *Priester* für alle (Hebräer 4,14–15). Die Rettung, die Christus bringt, will die ganze Welt erfassen. Die Funktion eines Priesters besteht darin, Versöhnung zu vermitteln: *Sollte einer*

Schuld auf sich laden, dann haben wir einen, der selbst ohne Sünde ist und beim Vater für uns Sünder eintritt: Jesus Christus. Denn Christus hat unsere Sünden, ja die Sünden der ganzen Welt auf sich genommen, er hat sie gesühnt (1. Johannes 2,1–2). Deshalb ist es so wichtig, dass Gottes Versöhnung die ganze Menschheit erreicht.

Christus ist ein *Prophet* für alle. Was Jesus lehrte, gilt für die ganze Welt (Matthäus 28,19–20). Ein Prophet ist jemand, der Gottes Willen erkennbar macht und dazu auffordert, diesen zu leben. Als solcher ist der Prophet ein treuer Zeuge Gottes.

Jesus macht uns zu Teilhabern an seiner Berufung und seinen Ämtern, weshalb er uns zu einem Volk von Königen, Priestern und Propheten macht (1. Petrus 2,9). Prophet sein bedeutet, in bestimmten Situationen den Willen Gottes aufzuzeigen. Priester sein bedeutet, Menschen zu helfen, eine innige Beziehung mit Gott zu finden. Königlich sein bedeutet, dass Gott uns Würde und Berufung verleiht, wenn wir zur seiner Familie gehören.

Christus ist der *Richter* aller Menschen (Apostelgeschichte 10,42). Die Bibel erzählt uns, dass am Ende der Zeit ein Gericht stattfinden wird, wo jeder Mensch sich vor seinem Schöpfer und Herrn zu verantworten hat. Wir sind in Gottes Augen verantwortlich für unsere Taten und Entscheidungen, worin auch etwas von der Würde des Menschen zum Ausdruck kommt. Das Bewusstsein um dieses letzte Gericht schließt zwei Einsichten ein:

Zum einen sind wir gehalten, andere nicht zu richten, sondern das Richten Gott zu überlassen (Matthäus 7,1). Zum anderen ruft es uns dazu auf, uns für gerechte Lebensbedingungen einzusetzen, in der Gemeinde wie in der Gesellschaft. Darüber hinaus sind wir auch gerufen, Konflikte im Geiste Jesu und gemäß seiner Ethik zu lösen (1. Korinther 6,1–7).

Christus ist ein *guter Hirte* für die ganze Welt (Johannes 10,12). Seine Liebe wendet sich an die ganze Menschheit. Sie richtet sich insbesondere an Verlorene und Notleidende. Ein Hirte schützt, sorgt für Nahrung, heilt und leitet. Vor allem hält er die Herde beieinander, denn Jesus will die Einheit seiner Nachfolger (Johannes 10,16).

Mehr noch: Er möchte die ganze Menschheit seiner Weggemeinschaft hinzufügen (Johannes 12,32).

Wer zu Jesus gehört, lebt auch nach dieser Zeit

Wie sollen wir uns das ewige Leben vorstellen? In unserer Erfahrung gibt es nichts, was ewig ist. All unsere Sinneswahrnehmungen sind geprägt durch Zeit und Raum. Wenn aber die Bibel vom ewigen Leben spricht, will sie unser Verständnis für eine Wirklichkeit öffnen, die jenseits von Raum und Zeit liegt. Das ist die göttliche Dimension, die unseren natürlichen Sinnen verborgen bleibt. Die biblische Lehre vom ewigen Leben beinhaltet mindestens fünf Dinge:

- Das Jenseits beginnt im Diesseits. Ewiges Leben beginnt nicht erst nach dem Tod. Es wird von Gott in dem Augenblick geschenkt, wenn jemand entschlossen ist, Christus als Herrn und Retter zu bezeugen und ihm sein Leben bedingungslos zu übereignen. Es ist ganz einfach: *Wer den Sohn hat, hat das ewige Leben* (Johannes 3,36).
- Das ewige Leben besteht darin, schon jetzt zu der neuen Zeit des Reiches Gottes zu gehören. Als Christus kam, mehr noch, als er seinen Geist ausgoss, begann eine neue Zeitepoche. Die Gemeinde hat schon ewiges Leben, weil sie den ewigen Christus in ihrer Mitte hat. Sie bemüht sich, Gottes Willen auf Erden zu tun, wie er im Himmel getan wird. Sie lebt schon eine neue Kultur, die wir die „Kultur des Leibes Christi" nennen können.
- Ewiges Leben bedeutet Überwindung des Todes. Ewiges Leben beinhaltet die besondere Tatsache, dass der Tod keine echten Veränderungen mehr bewirken kann. Natürlich endet mit dem Tod eine Etappe und es beginnt eine andere Wirklichkeit. Natürlich zerstört der Tod unseren Körper. Aber dasselbe ewige Leben, das durch Christus in unser Leben kam, wird nach dem Tod in vollendeter Weise klar, freudevoll und vollkommen.
- Ewiges Leben ist das, was der Heilige Geist in unseren Herzen und in unseren Gemeinschaften bewirkt. Wer garantiert uns die

Wirklichkeit des ewigen Lebens? Wer ist imstande, den Himmel auf die Erde zu bringen? Wer ist fähig, die Erde in Himmel zu verwandeln? Es ist der Heilige Geist als Gegenwart des dreieinigen Gottes in unseren Herzen und in unseren Kirchen. Und dieser Geist ist ausgegossen auf *alles Menschliche* (Apostelgeschichte 2,17).

- Ewiges Leben bedeutet auch, nachhaltig frei zu sein von Sünde und Verdammung. Es gibt eine ganz besondere Hoffnung, die Christusnachfolger als Gewissheit haben: die Zusicherung, dass uns nichts von der Liebe Gottes trennen kann (Römer 8,17–39) – nicht die Gegenwart, nicht die Zukunft, nicht der Tod noch unser eigenes Versagen. Wer sich entschließt, ohne Gott zu leben, der kann nicht erwarten, in der Ewigkeit die Freude der Gegenwart Gottes zu genießen. Aber wer Christus erkannt hat und ihm im Leben gefolgt ist, ist von aller Verdammung frei. Wenn es die Zeit nicht mehr gibt, wird er immer noch in der Gemeinschaft Gottes sein.

Miteinander ins Gespräch kommen

1. Wie würdet ihr auf die Frage antworten: Wer ist Jesus für dich?
2. Auf welche Weise habt ihr Jesus erfahren als Heiler, als Weg, Lehrer, die Wahrheit, als den guten Hirten, das Leben und als Freund? Wie ist Jesus das eine oder andere davon schon für euch als Gemeinde gewesen?
3. Wie helfen euch eure Gottesdienste und andere Gemeindeveranstaltungen, euer alltägliches Leben auf Jesus auszurichten? Was ist besonders hilfreich? Was müsste verstärkt werden?
4. Wie und wo leitet euch/dich die Bergpredigt in eurem/deinem Leben?

5. Welche Aspekte des Kreuzes (Liebe, Heilung, Sieg, Menschenwürde, Befreiung) verbindet ihr mit eurem Leben und wie habt ihr sie erfahren?
6. Auf welche Weise ist für euch das „Auferweckt sein mit Christus“ schon spürbar wahr geworden?
7. Wie lebt ihr als Einzelne und als Gemeinde in der Kraft der Auferstehung?
8. Wie nehmt ihr als Gemeinde die verschiedenen Rollen Jesu als König, Priester und Prophet wahr? Welche Beispiele kommen euch in den Sinn?
9. Welche konkreten Wesensmerkmale und Beispiele einer „Kultur des Lebens“ erkennt ihr im Leben eurer Gemeinde?

Durch die verändernde Kraft des Heiligen Geistes sind wir eine Glaubensgemeinde, die sich der Herrschaft Christi unterstellt:

Als Gemeinde sind wir die Gemeinschaft derer, die Gottes Geist dazu beruft, sich von der Sünde abzuwenden, Jesus Christus als ihren Herrn anzuerkennen, die Taufe auf das Bekenntnis ihres Glaubens hin zu empfangen und Jesus Christus in ihrem Leben nachzufolgen.

3. Ehre sei dem Heiligen Geist

Der Heilige Geist schafft mit der Kirche die Gemeinschaft der Glaubenden

Die Gemeinde kann ohne den Heiligen Geist nicht leben. Es scheint, als ob heute viele Gemeinden ihr Leben eher ihrer Tradition verdanken, ihrer guten Organisation und Planung, ihren Riten und Ritualen, dem Kalender des Kirchenjahres und den großen Festtagen der Christenheit. Ist es vorstellbar, was einmal jemand so zugespitzt ausgedrückt hat, um wachzurütteln: „Wenn der Heilige Geist sich heute von der Erde zurückziehen würde, würden das viele Gemeinden gar nicht bemerken." Das wäre natürlich eine Tragödie, denn ohne den Heiligen Geist ist die Gemeinde – nichts. Sie verkommt dann zu einem rein menschlichen Phänomen der Religionssoziologie oder der religiös-kulturellen Tradition.

Der Heilige Geist ist die dynamische Gegenwart Gottes. Die Dreieinigkeit Gottes ist, wie wir gesehen haben, ein Mysterium, das unserer Vernunft nicht zugänglich ist; doch wir akzeptieren es so. Jesus hat seinen Jüngern seine bleibende Gegenwart versprochen. Er tat dies im Hinblick auf die Kraft des Heiligen Geistes, die sie empfangen würden. Immer wieder erfahren wir, dass wir von uns aus zu schwach und zu unfähig sind, um den Erwartungen Gottes ausreichend zu entsprechen. Doch hier greift der Heilige Geist in unser Leben ein. Paulus sagt zu Timotheus: *Denn Gott hat uns seinen Heiligen Geist gegeben. Und das ist kein Geist der Furcht, sondern ein Geist, der uns mit Kraft, Liebe und Selbstüberwindung erfüllt* (2. Timotheus 1,7). Und für die Gemeinde in Ephesus betet er, dass Gott *euch aus seinem unerschöpflichen Reichtum schenkt, damit ihr durch seinen Geist innerlich stark werdet* (Epheser 3,16).

Der Heilige Geist ist auch die kritische Gegenwart Gottes. Der Ursprung der Worte *Krisis* und *Kritik* hat mit Gericht und Unterscheidung zu tun. Durch die Kirche will der Heilige Geist nicht nur die Dinge vorantreiben, die Gott wohlgefallen. Es ist auch seine Aufgabe, zu demaskieren und zu beurteilen, was sich dem Reich Gottes und seiner Gerechtigkeit widersetzt. In diesem Sinn übt der Heilige Geist, und mit ihm auch die Gemeinde, in der Welt eine kritische, sprich: entscheidende und unterscheidende Funktion aus. Denn wo immer das Licht scheint, wird die Finsternis vertrieben. Wo immer Gerechtigkeit hervor tritt, wird die Ungerechtigkeit bloßgestellt.

Wir leben in Zeiten der Gemeinde und des Heiligen Geistes. So hat es Gott, der Herr der Geschichte, bestimmt. Auch wenn politische und ökonomische Realitäten und Globalisierungskräfte unsere Wirklichkeitswahrnehmung dominieren, gibt es doch noch eine bedeutendere Wirklichkeit. Sie ist nur aus der Perspektive Gottes wahrzunehmen: Es ist die Zeit der Gemeinde in der Kraft des Heiligen Geistes. Gott hat sein ganzes Erlösungsprojekt für die Menschheit in die Hände der Kirche gelegt. Natürlich ist sie dieser Mission immer wieder untreu geworden. Doch Gott will seine Heilsbotschaft durch seine Gemeinde in die ganze Welt tragen und Christus für die erfahrbar machen, die ihn noch nicht kennen. Die Kirche ist das Salz der Erde und das Licht der Welt, weil Christus selbst durch die dynamische und entscheidende Präsenz des Heiligen Geistes in ihr gegenwärtig ist.

Die Kirche besteht aus Gläubigen. Das sind diejenigen, die ihr Vertrauen bedingungslos in Christus setzen. Nein, weder die großartigen Kirchengebäude noch nationale oder internationale kirchliche Organisationen sind die eigentliche Kirche. Wir glauben auch nicht, dass die Kirche aus Sakramenten und Riten, aus Traditionen, Strukturen und Satzungen besteht. Die Kirche – das sind Menschen. Die Kirche ist das Volk all derer, die die verändernde Kraft des Heiligen Geistes erfahren haben. Die Bibel spricht von dieser Erfahrung als *Taufe des Heiligen Geistes* und auch *Fülle des Heiligen Geistes* (Matthäus 3,11; Epheser 1,13; 4,23.30; 5,18). Wie wir noch sehen werden, besteht diese Erfahrung aus mindestens vier Akzenten: sich von der Sünde abzuwenden, sich unter die Herrschaft Christi einzuordnen; den Glauben durch die Taufe zu bekunden; und entschlossen zu sein, Christus im Leben nachzufolgen.

Wo der Heilige Geist am Werk ist, wenden Menschen sich ab von der Sünde

Sünde ist die große Menschheitstragödie. Die meisten Probleme in unserer Gesellschaft haben ihren Ursprung in menschlicher Sünde. Sünde ist all das, was unvereinbar ist mit dem Wesen und Willen Gottes. Wir werden anfällig für Sünde, wenn wir uns aus der Gemeinschaft mit Gott entfernen. Sünde hat auch zu tun mit Zielverfehlung und falscher Orientierung. Wir sündigen, wenn wir Gottes Ordnungen außer Acht lassen und wenn wir nicht der Bestimmung entsprechend leben, die uns unser Schöpfer gegeben hat. Es gibt Tatsünden und Unterlassungssünden; dass wir tun, was schlecht ist, und nicht, was gut ist.

Die Bibel spricht von der Möglichkeit, den *alten Menschen* auszuziehen. Christus hat nicht nur die neue Zeit des Reiches Gottes gebracht. Er brachte auch die Möglichkeit der persönlichen Erneuerung. Die Bibel spricht von dieser Tatsache in Schöpfungsbegriffen: *Ist jemand in Christus, dann ist er eine Neuschöpfung* (Galater 6,15). Aber Neuschöpfung erfordert das Ablegen des Alten. Das illustriert der Schmetterling, den es nicht gäbe, wenn er seinen Kokon nicht abstreifen würde. *Ihr solltet von eurem alten Leben, den alten Menschen ... endgültig trennen und euch nicht länger selbst zerstören* (Epheser 4,22). Das Ja zu Christus erfordert auch ein Nein gegenüber all den Dingen und Einstellungen, die im Widerspruch zu ihm stehen.

Die Bibel spricht auch von der Möglichkeit, den *neuen Menschen* anzuziehen. Das Reich Gottes und seine Gerechtigkeit wird vorangebracht durch „neue" Menschen, die schon erfahren haben, wie Gottes schöpferische Kraft ihr Leben erneuert: *Gottes Geist will euch mit einer völlig neuen Gesinnung erfüllen. Ihr sollt den neuen Menschen anziehen, wie man ein Kleid anzieht. Diesen neuen Menschen hat Gott selbst nach seinem Bild geschaffen* (Epheser 4,23–24). So entstehen „Heilige", die zwar nicht sündlos sind, aber deren Heiligkeit darin besteht, eng mit Gott verbunden zu sein und sein Wesen widerzuspiegeln.

Den Blick auf Christus zu richten, ist der beste Weg, der Sünde den Rücken zuzukehren. Als ich Fahrradfahren lernte, merkte ich, dass ich die Balance und die Richtung um so leichter halten konnte, je konzentrierter ich nach vorne schaute, dahin, wo ich hin wollte. Die Sünde verlassen ist nur möglich, wenn uns eine neue Leidenschaft erfüllt. Paulus erzählt, ihm war es nur möglich, seine Fehler der Vergangenheit zu vergessen, indem er sich mit voller Hingabe auf das Projekt Christi in dieser Welt konzentrierte (Philipper 3,12). Und der Hebräerbrief erinnert uns, dass wir nicht allein sind in unserem Kampf gegen die Sünde und unsere Hingabe an die Sache Christi. Uns begleitet eine *Wolke von Zeugen,* die *ihren Blick* auch *auf Jesus* gerichtet haben (Hebräer 12,1–2).

Jesus wusste, dass Sünde die Gemeinde vergiften kann. Sünde hat eine zerstörende Kraft, sowohl in der Gemeinde als auch in der Gesellschaft im Allgemeinen. Es wäre ein Fehler, sie mit Gewalt bekämpfen zu wollen. Es ist ebenso ein Fehler, Menschen abweisend zu behandeln, die mit Sünde und Versagen kämpfen. Denn gerade für sie ist Jesus gekommen. Dennoch muss der Sünde unnachgiebig widerstanden werden.

Außerhalb der Gemeinde tun wir das durch das gute Beispiel und durch prophetische Worte. Innerhalb der Gemeinde beauftragt uns Jesus, geschwisterliche Ermahnung zu praktizieren und Sünde beim Namen zu nennen. Dies muss privat geschehen, ohne dass der Bruder oder die Schwester bloßgestellt wird. Führt das nicht zur Abkehr von der Sünde, ist es angemessen, vor Zeugen, also im kleinen Kreis, darüber zu reden. Führt auch das nicht zur Veränderung, braucht es das Gespräch mit der versammelten Gemeinde. Jesus verspricht, in besonderer Weise gegenwärtig zu sein, wo wir einander korrigieren und uns gegenseitig helfen, der Sünde den Rücken zuzukehren (Matthäus 18,15–20).

Natürlich besteht dabei die Gefahr der Gesetzlichkeit und des geistlichen Missbrauchs. Aber wo die Kirche es völlig unterlässt, Sünde beim Namen zu nennen und sich von Sünde, nicht vom Sünder, zu distanzieren, verliert sie Glaubwürdigkeit, Respekt und Autorität.

Wo der Heilige Geist überzeugt, erkennen Menschen Jesus Christus als Herrn an

Jesus ist der Herr des Reiches Gottes. Wenn jemand durch die Kraft des Heiligen Geistes Teil der Glaubensfamilie wird, so wird er auch Teil der Kirche und des Reiches Gottes. Aber das ist nur möglich, wenn er eine neue Herrschaft über sein Leben akzeptiert. Die christliche Freiheit besteht ja genau darin, einen neuen Herrn zu haben, der auch gleichzeitig Bruder und Freund ist. Deshalb erkennt die Kirche auch kein anderes Haupt an als Christus selbst. Aus diesem Grund kennt das Volk Gottes keine Leitung, die ihren Ursprung nicht in der Lebensverbindung mit Christus hat. Denn das Wesen des Reiches Gottes entspricht dem Wesen des Königs selbst, Jesus Christus, des Herrn.

Genau wie andere totalitäre Systeme in dieser Welt betrieb auch das so genannte „Dritte Reich" in Deutschland (1933–1945) mit seinem Führerkult die gottähnliche Verehrung eines Menschen. Das erkannte die evangelische Oppositionsbewegung „Bekennende Kirche". Sie brachte deshalb im ersten Artikel ihrer „Barmer theologischen Erklärung" (auch „Barmer Bekenntnis" genannt) zum Ausdruck, dass Jesus Christus die alleinige Autorität ist, der Christen zu gehorchen haben. Neben ihm kann nichts und niemand einen ähnlichen Herrschaftsanspruch erheben.

Wie verhält sich die Geschichte des Reiches Gottes zur Geschichte dieser Welt? Welches ist die wirkliche Geschichte, die „säkulare" Geschichte oder die „sakrale" Geschichte? Die Antwort auf diese Frage wird von unserer Perspektive bestimmt. Die Bibel berichtet uns, dass der *natürliche Mensch nichts wahrnimmt vom Geiste Gottes* (1. Korinther 2,14). Deshalb ist es für ihn schwer, die Geschichte des Reiches Gottes inmitten der Menschheitsgeschichte zu erkennen, wenn der Heilige Geist sie ihm nicht eröffnet.

Aber aus Gottes Perspektive gibt es nur eine Geschichte. Denn für ihn existiert keine Trennung zwischen dem „Weltlichen" und dem „Heiligen". Wir neigen dazu, den sonntäglichen Gottesdienst als etwas „Heiliges" zu empfinden und den Alltag der Woche als etwas „Weltliches". Eine solche Unterscheidung entstammt eher dem menschlichen Unglauben. In Wahrheit steht alles unter der Herrschaft Jesu Christi.

Mit seiner Menschwerdung ist Jesus sichtbar in die Geschichte der Menschheit eingetreten. Sein Leben und Sterben, seine Auferstehung und Himmelfahrt, aber auch die Gemeinde in der Kraft des Heiligen Geistes und die Wiederkunft Christi in Herrlichkeit sind Realitäten, die die Menschheitsgeschichte beeinflussen.

Wenn wir vom Reich Gottes reden, dann müssen wir es von anderen Reichen dieser Welt unterscheiden. Ist es denkbar, dass das Reich Gottes sich völlig mit der menschlichen Geschichte und Wirklichkeit verbindet? Ja und nein. Es ist wahr, dass Christi Herrschaft und auch das Reich Gottes „Fleisch werden" wollen, verwirklicht werden wollen in unserer Zeit und Welt. Es ist auch wahr, dass das Evangelium erneuernde Kraft besitzt für alle Bereiche der menschlichen Existenz und Kultur. Nichts soll ausgeschlossen bleiben. Aber das Reich Gottes ist gerade das ganz andere, weil es sich nicht nach Egoismus und Feindseligkeiten richtet, sondern nach den Werten und Prioritäten, die Jesus selbst gebracht hat. Als die Herrschaft des Reiches Gottes das Leben des Zachäus umkrempelte, war er zunächst immer noch der kleine Kerl, als den man ihn in der Stadt kannte. Aber bald wurde für die Leute erkennbar, dass sein Leben jetzt von neuen Werten und Prioritäten bestimmt war.

Wenn wir vom „Reich" reden, reden wir auch von der Problematik der Macht. Ohne Macht gibt es keine Veränderung. Aber es gibt legitime und illegitime Macht. Illegitim ist jene Macht, die sich aus Egoismus speist und zu Ungerechtigkeit führt. Legitim ist die Macht, die aus der Übereinstimmung mit dem Wesen Gottes und dem Leben Jesu entspringt. Dies ist die Macht, die der Heilige Geist gibt. Die Nachfolger Jesu sollen nach keiner anderen Macht streben.

Wer sich für das Reich Gottes einsetzt, drängt auf Veränderung. Die Mehrheit der Menschen wollen Veränderung. Aber sie befürchten, dass die wechselvollen Zeiten nicht unbedingt Veränderung zum Guten bringen. Die gute Nachricht des Evangeliums ist, dass Veränderungen zum Guten möglich sind. Diese Tatsache wird von all denen bestätigt, die der Sünde entschlossen den Rücken zukehren. Überall, in jeder Gemeinschaft, in jeder Kultur, wo Christus als Herr angerufen wird, kommen auch Veränderungen zum Guten in Gang.

Wo der Heilige Geist in das Leben von Menschen einkehrt, bekennen diese ihren Glauben durch die Taufe

Die Wassertaufe von mündigen Menschen verdeutlicht die Taufe des Heiligen Geistes. Wir glauben nicht, dass der Taufakt selbst rettende Kraft hätte. Aber wir glauben, dass er die Kraft hat, eine großartige Wahrheit zu vermitteln. Die täuferischen Gemeinden wurden in ihren Anfangsjahren hart verfolgt, weil ihre Taufpraxis dazu beitrug, dass das Verständnis von der Erlösung, das Verständnis von der Gemeinde und das Verständnis eines christlichen Lebens neu definiert wurden. Diese ganze Botschaft kann am besten damit zusammengefasst werden, was die Bibel die Taufe des Heiligen Geistes nennt. Und sie kommt zum Ausdruck und wird öffentlich durch die Wassertaufe.

Die Bekenntnistaufe von mündigen Menschen verdeutlicht auch Tod und Auferstehung mit Christus. Wenn der Heilige Geist im Leben des Einzelnen wirkt, stirbt etwas und es entsteht etwas Neues: *Durch die Taufe sind wir also mit Christus gestorben und begraben. Und wie Christus durch die Herrlichkeit und Macht seines Vaters von den Toten auferweckt wurde, so sollen auch wir ein neues Leben führen* (Römer 6,4).

Die Bekenntnistaufe von mündigen Menschen verdeutlicht, dass alle Sünden weggewaschen wurden. In den heißen Ländern des Orients hatten die Bäder und die Waschungen aufgrund von Staub und Schweiß eine besondere Bedeutung. Darüber hinaus hatte das Volk Israel spezifische Anweisungen erhalten, Reinlichkeitsgesetze und Waschungen zu beachten, um in die Gegenwart Gottes treten zu können. Sünde wird in der Bibel als etwas bezeichnet, das einen beschmutzt und vor Gott und Menschen unangenehm macht. Der Taufakt illustriert die Reinigung, die der Heilige Geist durch das Erlösungswerk Christi vollzieht.

Die Bekenntnistaufe von mündigen Menschen verdeutlicht die Eingliederung in die Gemeinschaft des Leibes Christi. Es gibt Gemeinden, die Taufe und Mitgliedschaft in einer Ortsgemeinde als zwei ganz verschiedene Dinge verstehen. Mit der Taufe würde man bestenfalls in die „unsichtbare" Kirche eintreten. Aber wir glauben, dass die Kirche immer sichtbar sein muss. Deshalb sind wir überzeugt, dass der Empfang des Heiligen Geistes, symbolisiert in der Taufe, uns zum Glied der weltweiten Kirche und der Ortsgemeinde macht: *Wir haben alle denselben Geist empfangen und gehören darum durch die Taufe zu dem einen Leib Christi, ganz gleich, ob wir nun Juden oder Griechen, Sklaven oder Freie sind* (1. Korinther 12,13).

Die Bekenntnistaufe von mündigen Menschen verdeutlicht auch einen öffentlichen Bundesschluss. Wir haben von Gottes Bund mit Noah, Abraham und dem Volk Israel gesprochen. Wir haben auch gesehen, dass Gott in Jesus ein Bundesvolk wiederherstellt. Die persönliche und öffentliche Form, eine Bundesverpflichtung mit Gott und der Gemeinde einzugehen, wird durch die Taufe ausgedrückt. Es ist eine Verpflichtung, Christus im Leben nachzufolgen, gemeinsam mit der Gemeinschaft der Gläubigen.

Wie verhalten sich Heiliger Geist, Gemeinde und Christusnachfolge zueinander?

Was würde Jesus tun? Was würde Jesus denken? Was würde Jesus sagen? Das sind Fragen, die tiefgehende Veränderungen im Leben mancher Christen bewirkt haben. Wir haben schon gesehen, wie Albert Schweitzer sich aufgrund seiner Christusnachfolge für einen medizinischen Dienst entschied. Mit der Frage, was wohl Jesus dazu sagen würde, fanden Dietrich Bonhoeffer und Martin Niemöller die Kraft, sich der antichristlichen Ideologie des Dritten Reiches zu widersetzen. Diese Frage hat Frauen und Männer im Laufe der ganzen Kirchengeschichte geleitet, neue Wege einzuschlagen.

Woher kommt dieser Wunsch, Christus im Leben nachzufolgen? Es ist ohne Frage das Wirken des Geistes Gottes. *Aber der Tröster, der Heilige Geist ..., wird euch alle diese Dinge lehren und euch an alles erinnern, was ich euch gesagt habe* (Johannes 14,26). So hatte es Jesus versprochen. Und Paulus fügt hinzu: *Wir aber haben den Sinn Christi* (1. Korinther 2,16) und er fordert uns auf: *Jedermann unter euch sei gesinnt, wie es Christus war* (Philipper 2,5).

Christus nachfolgen zu können, ist eine Gabe Gottes. Wir schaffen es nicht aus eigener Kraft. Ganz im Gegenteil: Wir versagen oft und entehren den Herrn. Aber Gottes Gnade, die uns die Gegenwart des Heiligen Geistes vermittelt, vergibt nicht nur unser Fehlverhalten, sondern stärkt uns auch und macht uns fähig, Christus im Leben nachzufolgen.

Jede und jeder kann sich zur Nachfolge Christi entschließen. Hier gibt es kein Ansehen der Person. Niemand wird von ihm diskriminiert, so wie wir schnell zwischen Männern und Frauen, verschiedenen sozialen Gruppen und Gesellschaftsklassen unterscheiden. Jesus Christus nachzufolgen bedeutet, Diskriminierungen zu überwinden. Der Heilige Geist ermutigt uns, Christus nachzufolgen, gerade auch beim Überschreiten kultureller Grenzen. Er ist ein transkultureller missionarischer Geist. Petrus erfuhr das, als Jesus ihn in das Haus des Kornelius, eines römischen Offiziers, sandte. Der Heilige Geist verbot ihm, das unrein zu nennen, was Gott gereinigt hatte. Und als Kornelius den Heiligen Geist empfing, sagte Petrus: *Jetzt erst habe ich richtig verstanden, dass Gott keinen Menschen wegen seiner Herkunft bevorzugt oder benachteiligt, sondern dass er jeden liebt, der an ihn glaubt und nach seinen Geboten lebt* (Apostelgeschichte 10,34–35).

Christusnachfolge hat aber auch etwas mit der Stunde unseres Todes zu tun. Oder besser gesagt: Wenn wir im Leben mit Jesus gehen, geht er in der Todesstunde mit uns. Paulus schlussfolgert: *Ganz gleich also, ob wir leben oder sterben: Wir gehören dem Herrn* (Römer 14,8). Und er definiert ewiges Leben schlicht und einfach als *für immer bei dem Herrn sein* (1. Thessalonicher 4,17).

Miteinander ins Gespräch kommen

1. Was denkt ihr darüber, dass die Gemeinde beauftragt und befähigt ist, in Gottes Erlösungswerk für die Menschheit mitzuwirken? Welche Anzeichen seht ihr dafür?
2. Welche Anzeichen seht ihr für die These, dass die Kirche größere Kraft in dieser Welt hat als alles andere?
3. Wo wünschen wir uns als Einzelne wie auch als Gemeinde, mehr von der Gestaltungs- und Veränderungskraft des Heiligen Geistes zu erfahren?
4. Wie geschieht es konkret, „den alten Menschen aus- und den neuen Menschen anzuziehen"?
5. Wie nehmen wir im Blick aufs „sündigen" unsere Verantwortung füreinander wahr? Wo beginnt hier unsere Verantwortung füreinander und wo hört sie auf?
6. Wie können wir ein konstruktives und heilsames Ermahnen praktizieren, um einander zu helfen, nicht weiter zu sündigen, und welche Rolle kommt der Gemeinde dabei zu?
7. Was bedeutet es für uns, nicht zu unterscheiden zwischen „weltlich" und „geistlich"?
8. Macht ist für Christen häufig ein negativer Begriff. Wie füllen wir ihn? Und wie können wir die Bedeutung von der Macht des Heiligen Geistes in unserem Leben besser verstehen und erfahren?
9. Wie wesentlich ist die „Bekenntnistaufe an mündigen Menschen" für jemand, der Jesus Christus nachfolgen will? Wie wesentlich ist diese Taufpraxis für die Gemeinde?
10. Wie habt ihr das Wirken des heiligen Geistes in eurem Leben erfahren?

Wir sind eine Gemeinschaft, die Gottes Willen sucht und ehrt:

Als Gemeinschaft der Gläubigen erkennen wir die Bibel als Autorität für unseren Glauben und unser Leben an. Wir legen sie gemeinsam unter der Leitung des Heiligen Geistes und im Licht Jesu Christi aus, um Gottes Willen für ein gehorsames Leben zu erkennen.

4. Wir lesen die Bibel gemeinsam

Durch die Bibel erkennen wir den dreieinigen Gott

Die Bibel ist ein sehr menschliches Buch. Die 39 Bücher des Alten und die 27 des Neuen Testaments wurden von verschiedenen Autoren verfasst. Unterschiede gibt es auch in der Sprache, in der literarischen Form, in der Themenauswahl und in der Prioritätensetzung. Auch richten sich die verschiedenen Bücher an verschiedene Zeiten. Die Texte sind sehr gut erhalten, obwohl man sie über Jahrhunderte mit der Hand abgeschrieben hat. Die Manuskripte, die wir heute besitzen, sind Abschriften von ursprünglichen Texten und weisen nur kleinere Unterschiede auf. Die Bibel ist auch sehr menschlich, weil sie sich in erster Linie mit den Ängsten, den Freuden, den Erfahrungen, den Siegen und dem Versagen von Menschen befasst. Entsprechend der Menschwerdung Jesu können wir sagen, dass Gott uns durch sein geschriebenes Wort in einer völlig menschlichen Art und Weise begegnet.

Die Bibel ist ein „göttliches" Buch. Diese Behauptung ist eine Glaubensaussage, die weder durch Wissenschaft noch durch menschliche Logik belegt werden kann. Die christliche Kirche glaubt, dass der menschgewordene Jesus das Wort Gottes ist. Sie glaubt auch, dass die Heilige Schrift schriftliches Zeugnis und ein großes Geschenk Gottes an die Menschheit sind. Ohne sie wissen wir nichts Genaues über Gott. Wir kennen weder sein Wesen noch seine rettenden Taten in Vergangenheit und Zukunft. Jesus hat uns gezeigt, wer Gott ist und was Gott will. Und die zuverlässige Information darüber verdanken wir der Heiligen Schrift.

Die Inspiration der Bibel bleibt ein Geheimnis. Wir wissen nicht genau, wie der Heilige Geist die Abfassung der Heiligen Schrift geleitet hat. Nirgends werden uns Handlungsweisen oder Maßnahmen berichtet. Aber wir glauben, dass der Heilige Geist am Werk war, damit die Bibel Gottes Willen entsprechend zustande kam. Bekanntlich wurde die Bibel in anderen, damals geläufigen, Sprachen geschrieben. So sind wir auf gute Übersetzungen angewiesen. Keine Übersetzung ist jedoch perfekt, denn menschliche Sprachen sind lebendig und verändern sich. Daher bleibt die Herausforderung bestehen, immer wieder neu gute Übersetzungen zu erstellen. Auch dafür brauchen wir die Leitung des Heiligen Geistes.

In der Bibel lesen wir die Berichte von Zeugen. Das war ein Kriterium, um die neutestamentlichen Schriften als kanonisch zu erklären: Der Schreiber sollte ein persönlicher Zeuge der Dinge sein, von denen er berichtete, oder aber seine Information von Zeugen erster Hand erhalten haben. Dementsprechend macht auch die Mehrheit der biblischen Autoren geltend, die Geschehnisse miterlebt zu haben, von denen sie schreiben. Und sie schrieben, um uns an dieser Erfahrungsgemeinschaft teilhaben zu lassen: *Wir geben euch nur das weiter, was wir selbst gesehen und gehört haben, damit ihr mit uns im Glauben verbunden seid* (1. Johannes 1,3).

Die Sammlung biblischer Schriften nennt man Kanon. Ähnlich wie bei der Inspiration müssen wir auch über die Bildung des Kanons sagen, dass wir sie im Glauben annehmen. Menschlich gesehen wurde der Kanon durch das Volk Israel und durch die frühe Kirche festgelegt. Es ist weder unsere Aufgabe noch sind wir in der Lage, die Bibel zu verteidigen. Sie selbst behauptet sich als Grundlage und Autorität der Kirche Christi und hat das auch in den letzten 2000 Jahren hervorragend getan.

Obwohl wir alle uns verfügbaren Wissenschaften zu Hilfe nehmen, um bessere Übersetzungen und Auslegungen zu gewinnen, halten wir grundsätzlich an der „kanonischen Interpretation" fest. Sie besteht darin, die Bibel durch die Bibel selbst auszulegen. Texte, die uns unverständlich sind, versuchen wir im Licht der Aussagen zu verstehen, die klar und deutlich scheinen. Vor allem aber bemühen wir uns, das, was wir verstanden haben, in die Tat umzusetzen. Das ist viel wichtiger, als sich über solche Texte zu sorgen und zu streiten, die wir noch nicht in aller Klarheit verstehen.

Die biblische Geschichte und ihre Aussagen sind für unseren Glauben und unser Leben normativ

Die Bibel besitzt Autorität, weil wir überzeugt sind, dass ihr Inhalt vertrauenswürdig ist. Ohne Zweifel ist es ihr Ziel, unserem Glauben und unserem Leben die nötige Ausrichtung zu geben. Sie vermittelt auch viele historische und wissenschaftliche Informationen, tut das aber in der Sprache und den Begriffen sowie den weltanschaulichen Kategorien der Menschen ihrer Zeit. Dadurch wird ihre Autorität für heute nicht geschwächt. Wir werden aber alle Hilfsmittel der Sprachwissenschaft, der historischen Forschung und der Auslegungswissenschaft benutzen, um die Schrift angemessen zu verstehen. Wo unsere Logik oder unsere derzeitige Wissenschaft über Ungereimtheiten stolpern, sollten wir bescheiden und selbstkritisch bleiben.

Wir waren nicht dabei, als Gott die Welt erschuf, als das rote Meer den Weg freigab, als die Jungfrau Maria schwanger wurde, als Petrus und Johannes ins leere Grab starrten. Und wir sind auch unterschiedlicher Meinung, wie solche Zeugnisse von Gottes Handeln zu verstehen sind. Doch anstatt unsere Wissenschaft und unsere logische Vernunft zum Richter über biblische Texte zu erheben, tun wir gut daran, im Blick auf diese Fähigkeiten bescheiden und selbstkritisch zu bleiben.

Die Autorität der Bibel besteht auch darin, dass Gott selbst uns ein schriftliches Testament hinterlassen wollte. Seit alters her hat Gott schriftliche Aufzeichnungen benutzt, um sich und seine heilsamen Absichten mitzuteilen. Seine ethischen Richtlinien, die Zehn Gebote, gab er dem Volk Israel auf Steintafeln geschrieben. Als Jesus in der Synagoge von Kapernaum öffentlich zu wirken begann, las er aus den Heiligen Schriften des Alten Testaments vor. Beide Testamente sagen, Gott habe sich vorgenommen, seine Gebote in unseren Sinn und in unsere Herzen hinein zu schreiben (Hebräer 8,10). Paulus schrieb Timotheus, was die Kirche auf den ganzen biblischen Kanon angewandt hat: *Denn die ganze Heilige Schrift ist von Gottes Geist eingegeben. Sie lehrt uns, die Wahrheit zu erkennen, unsere Schuld einzusehen, uns von Grund auf zu ändern und so zu leben, dass wir vor Gott bestehen können* (2. Timotheus 3,16).

Die Bibel besitzt Autorität, weil Jesus in ihr spricht. Nein, wir vergöttern kein Buch. Wir glauben nicht, dass die Bibel vom Himmel gefallen ist. Und es wird auch nicht behauptet, dass das Wort Gottes Papier wurde. Obwohl wir jedes Wort der Bibel wertschätzen, behauptet sie selbst, dass Jesus das vollkommene Wort Gottes ist (Johannes 1,14). Johannes spricht es klar aus: *Was von Anfang an da war, was wir gehört, was wir mit unseren Augen gesehen haben, was wir beschaut haben und unsere Hände betastet haben vom Wort des Lebens – und das Leben ist erschienen, und wir haben gesehen und bezeugen und verkündigen euch das Leben, das ewig ist, welches war bei dem Vater und ist uns erschienen* (1. Johannes 1,1–2).

Die Bibel hat Autorität für uns, weil der Heilige Geist durch ihre Autoren gewirkt hat. Man könnte sagen, dass nicht nur Jesus, sondern auch die Bibel 100 Prozent menschlich und 100 Prozent göttlich ist. Und auch in diesem Fall müssen wir zugeben, dass diese Behauptung unsere Logik und Vernunft übersteigt. Aber wir glauben, dass der Geist Gottes ganz normale Menschen wie uns mit ihren sprachlichen und intellektuellen Begrenzungen gebraucht hat, um sie zu heiligen und in der Abfassung der Bibel zu leiten (2. Petrus 1,21).

Die Bibel hat sich auch Autorität erworben, denn immer wieder hat sie der Kirche neue Orientierung vermittelt. Die Bibel stärkte ihren Glauben und prägte die Normen und Werte für ihr alltägliches Leben.

Die Kirchengeschichte ist eine Geschichte der Erneuerungen. Alle echten Erneuerungen sind auf eine frische, intensive Lektüre der Bibel zurückzuführen, die zur Tat führte. Das war zum Beispiel bei Franz von Assisi und Martin Luther nicht anders als bei Michael Sattler und Menno Simons. Es war bei John Wesley und Charles Spurgeon genauso der Fall wie bei Florence Nightingale oder Martin Luther King Jr.

Natürlich hat es auch manche unangemessene und allzu buchstäbliche Interpretationen der Bibel gegeben. Diese entstanden vor allem unter dem Eindruck von mehr oder weniger bedrohlichen Veränderungen hinsichtlich Kultur, Mode, wissenschaftlichen und politischen Konzepten oder Kirchen- und Gemeindestrukturen.

Haarspalterei wie Traditionalismus können der Kirche schaden und sie zum Stillstand bringen. Das war bei den Pharisäern und Schriftgelehrten zurzeit Jesu der Fall, und anschließend auch hier und da in allen Denominationen.

Jesus fordert uns immer wieder heraus, die Heiligen Schriften zu lesen, um die ursprüngliche Motivation des Herzens Gottes zu begreifen. Deshalb ist es notwendig, die Bibel in erster Linie zu lesen, um immer wieder neu Orientierung zu gewinnen für den Glauben und das Leben der Gemeinde, und nicht, um Rituale, Traditionen und Gesetzlichkeit zu begründen.

Um die Bibel für uns heute zu erfassen, müssen wir sie gemeinsam lesen

Als Gemeinde die Schrift auszulegen, ist möglich, weil wir ja alle den Heiligen Geist empfangen haben, als wir Christen wurden. Wir sprechen von der „Hermeneutik der Gemeinschaft" oder „Gemeindeauslegung", wenn es darum geht, gemeinsam den biblischen Sinn und seine Gegenwartsbedeutung zu erfassen. Dies geschieht in der Überzeugung, dass jeder Gläubige den Heiligen Geist empfangen hat und damit auch „Gaben und Früchte" des Geistes einbringt zum Aufbau des Gemeindelebens. *Was heißt das nun ganz praktisch für euch, liebe Brüder? Wenn ihr zusammenkommt, hat jeder etwas beizutragen: Einige singen ein Loblied, andere legen Gottes Wort aus. Einige geben weiter, was Gott ihnen klargemacht hat, andere beten in unbekannten Sprachen, die dann für alle ausgelegt werden. Wichtig ist, dass alles zum Aufbau der Gemeinde geschieht* (1. Korinther 14,26).

Gemeinsame Auslegung ist nötig, weil sie bereichert und vor Gefahren schützt. Niemand hat alle Gaben oder die ganze Weisheit und Erkenntnis. In der Gemeinde gibt es Frauen und Männer, Junge und Alte, verschiedene Temperamente und Vertreter verschiedener Berufszweige. Eine Bibelauslegung, die „von allen" ausgeht und sich „an alle" in der Gemeinde wendet, bereichert auch alle. Andererseits kann sie ein Schutz sein gegen Missbrauch durch autoritäre Einzelpersonen. Natürlich braucht es Lehrende und Bibelausleger, die über genügend theologische Kenntnis und auch die nötigen Hilfsmittel verfügen, um die Bibel korrekt auszulegen. Aber die Auslegung der Schrift darf niemals zum Monopol einiger weniger „Profis" werden. Wer den Heiligen Geist hat, kann dabei mithelfen, die Heilige Schrift recht auszulegen und anzuwenden.

Eine gute Bibelinterpretation muss sowohl erhaltend als auch erneuernd wirken. Wir lesen die Bibel in Gemeinschaft mit einer langen Reihe von Christen durch zwei Jahrtausende.

Es wäre arrogant und naiv, nicht auf die Stimmen der traditionellen Bibelauslegung zu hören. Gute Traditionen entstehen, wo die Gemeinde in ihrer Zeit versucht hat, Christus treu zu sein. Aber wir müssen die Bibel auch im Blick auf die Gegenwart und die Zukunft lesen. Jesu selbst hat uns ermutigt, Altes und Neues wert zu schätzen (Matthäus 13,52). Es ist unsere Aufgabe, jede Tradition zu überprüfen, so dass die gegenwärtige und zukünftige Generationen die biblischen Wahrheiten und ihre Praxis verstehen und treu befolgen können.

Gute biblische Auslegung muss systematisieren, aber auch dem Einzelnen persönlich begegnen. Die Bibel ist eine Sammlung von Briefen, historischen Berichten, Poesie, prophetischen Worten, Gleichnissen, Sprüchen, Gesetzen und Lehren. In jeder Kultur braucht der menschliche Verstand Möglichkeiten, die biblischen Lehren so zu ordnen, dass sie dem jeweiligen Denken und Verständnis der verschiedenen Völker und Kulturgruppen zugänglich sind. Auch die weltweite Kirche braucht gemeinsame theologische Besinnungen und Schlussfolgerungen, um ihre Einheit zu stärken. Nichtsdestotrotz muss die biblische Wahrheit aber auch zu persönlicher Erfahrung und existenziellem Glaubensverständnis führen. Wenn wir die Bibel gemeinsam lesen, suchen wir gemeinsame Schlussfolgerungen für alle, aber auch Antworten für unsere persönlichen Fragen.

Unsere Bibelauslegung braucht das Korrektiv und die Bereicherung der globalen Kirche. Wenn man in einer Ortsgemeinde, innerhalb einer ethnischen Gruppe, in einer Kultur oder einer Nation die Bibel liest, entsteht das, was „lokale Theologie" genannt wird. Sie ist zwar notwendig, um vor Ort spezifische Antworten auf konkrete Situationen zu erhalten. Die ersten täuferischen Gemeinden sind ein Beispiel dafür, oder auch lateinamerikanische Basisgemeinden. Die ersten täuferischen Gemeinden suchten unter anderem eine Antwort auf die Frage, was es angesichts einer drohenden türkischen Invasion und des Rufes, Land und christliche Kirche mit Gewalt zu verteidigen, heißt, Jesus nachzufolgen. Lateinamerikanische Basisgemeinden fragen sich, wie Christen angesichts von Armut solidarisch leben und sich gegenseitig unterstützen können.

Aber unsere lokalen Theologien, unsere Bibellese und Auslegung vor Ort können nicht das letzte Wort sein. Die Gemeinde – der Leib Christi – überschreitet nationale, kulturelle und kontinentale Grenzen. Deshalb müssen wir die Bibel auch in weltweiter Gemeinschaft lesen. Viele Missverständnisse, viele Vorurteile, viele Konfrontationen, bis hin zu Kriegen zwischen Ländern mit christlicher Bevölkerung auf beiden Seiten lassen sich darauf zurückzuführen, dass man nicht in der Lage und willens war, die Bibel gemeinsam zu lesen und einander zu verstehen als Teil des einen Leibes Christi. Die „Gemeinsamen Überzeugungen" täuferischer Gemeinden unter Federführung der Mennonitischen Weltkonferenz sind ein Versuch, lokales Bibellesen und Verständnis auf einer globalen Ebene zusammenzubringen.

Um die Bibel für uns heute zu erfassen, brauchen wir die Leitung des Heiligen Geistes

Ohne den Heiligen Geist ist es schwer, unsere Zeit im Licht der Bibel zu verstehen. Bis auf den heutigen Tag hat die Kirche Christi sehr unterschiedliche Zeiten erlebt. Zeiten starker Verfolgung und Zeiten großer öffentlicher Anerkennung. Zeiten des Wohlstands und der Armut. Einige Gemeinden leben heute unter totalitären Regierungen, andere in Demokratien; einige unter antichristlichen Ideologien, andere in Ländern, wo das Christentum Staatsreligion ist; einige in Zeiten offener Türen, andere in Zeiten verschlossener Türen. In jedem Fall muss die Auslegung der Bibel relevant für die aktuellen Herausforderungen und die Zeit sein, in denen die Kirche vor Ort lebt.

Wir brauchen den Heiligen Geist, um unsere Gesellschaft und Kultur im Licht der Bibel zu verstehen. Jeder Gläubige ist Teil einer kulturellen Tradition. Aufgrund des Sündenfalls sind wir eigentlich so etwas wie Zwitter. Das gleiche kann man auch über unsere jeweiligen Kulturen sagen. Sie weisen gute und göttliche ebenso wie schädliche und sündhafte Elemente auf. Wir brauchen die Bibel und den Heiligen Geist, um unser Urteilsvermögen auszubilden im Hinblick darauf, was im Licht des Wesens und Willens Gottes in unserer Kultur gestärkt und bewahrt, worüber Buße getan und was verändert werden muss.

Wir brauchen den Heiligen Geist, um unsere kirchliche und gemeindliche Tradition im Licht der Bibel zu verstehen. Die Tradition, die wir in unseren Kirchen und Gottesdiensten pflegen, gibt uns normalerweise Sicherheit und Geborgenheit. Die Tradition zu ehren kann bedeuten, den Glauben der Vorfahren zu ehren. Aber wo Tradition ihre ursprüngliche Aussagekraft verliert und nicht mehr unser Verstehen von Gottes Willen bereichert, sind wir in Gefahr. So wie jeder Mensch sein persönliches Glaubensleben immer wieder im Licht der Bibel reflektieren soll und erneuernde Glaubenserfahrungen braucht, muss auch jede Generation ihre Kirchentradition im Licht der Bibel neu überprüfen und sich neuen Erfahrungen öffnen. So soll die Gemeinde große Freiheit gewinnen, neue Wege und Traditionen zu schaffen, damit die Botschaft der Bibel bedeutungsvoll bleibt für die Gegenwart und die Zukunft.

Wir brauchen den Heiligen Geist, um den biblischen Text und zeitlichen Kontext zu verstehen. Natürlich gibt es viele professionelle Methoden zur Textuntersuchung und -auslegung. Und es gibt hilfreiches Material, das uns das Verständnis der historischen Zusammenhänge erschließt. Aber als Kirche glauben wir, dass die Bibel mehr ist als ein erstaunliches historisches und literarisches Dokument. Der Bibeltext fasst geistliche und göttliche Auffassungen in menschliche Worte. Daher brauchen wir den Heiligen Geist für unser beobachtendes Bibellesen und gewissenhaftes Untersuchen der biblischen Texte.

Durch Jesus Christus verstehen wir die Bibel

Was würde es bedeuten, wenn wir die ganze Schrift im Licht des Lebens und der Lehre Jesu lesen würden? Hat Johannes nicht gesagt, dass Jesus Christus das Wort Gottes war, das endgültig kam, um unter uns zu leben (Johannes 1,14)? Was war das für ein Wort, das in der Finsternis schien, ohne von ihr überwunden zu werden (Johannes 1,5)? Was muss man sich unter einem Wort vorstellen, das so real und sichtbar ist, dass man es sehen und anfassen und mit ihm Gemeinschaft haben kann; so real, dass man in ihm den Vater und seinen Willen erkennt; so real, dass es vor Gott für uns einsteht (1. Johannes 2,1)?

Was würde es bedeuten, wenn unser ganzes Bibelverständnis – und somit auch unser Gemeindeleben und unser Sein in dieser Welt – von der Lehre Jesu geprägt wäre? Hat er nicht gesagt, dass er *der* Weg, *die* Wahrheit und *das* Leben ist? Wir haben Achtung vor Menschen anderen Glaubens und Respekt gegenüber all den Lehrern, die vor Christus und nach ihm kamen. Aber wir Jesusnachfolger glauben nicht, dass es sich bei Christus um „noch einen Weg", um „noch eine Wahrheit" und um „noch eine mögliche Lebensform" handelt.

Was würde es bedeuten, wenn wir die ganze Bibel im Licht des Todes und der Auferstehung Jesu lesen würden? Wir können die Bibel nicht ohne das Bewusstsein, dass Christus bereits am Kreuz gestorben ist, lesen und verstehen. Wir können die Bibel nicht ohne das Bewusstsein lesen und verstehen, dass Christus schon von den Toten auferstanden ist. Dadurch erscheinen Moses, David, das Gesetz und die Propheten in einem anderen Licht. Und das ganze Leben der Apostel und der apostolischen Gemeinde wurzeln in dieser Tatsache: *Denn dafür ist Christus gestorben und zu neuem Leben auferstanden, dass er im Leben wie im Sterben unser Herr ist* (Römer 14,9). Und die logische Schlussfolgerung für unser Leben und unsere Bibelinterpretation ist diese: *Was wir auch tun, wir tun es aus der Liebe, die Christus uns geschenkt hat ... Und Christus ist deshalb für alle gestorben, damit alle, die durch seinen Tod das Leben geschenkt bekamen, nicht länger für sich selbst leben. Ihr Leben soll jetzt Christus gehören, der für sie gestorben und auferstanden ist* (2. Korinther 5,14–15).

Was würde es bedeuten, wenn wir die ganze Bibel im Licht der Himmelfahrt und Wiederkunft Jesu lesen würden? Der großartige Hebräerbrief macht klar, dass die Wahrheit des Juden Jesus die Wahrheit Gottes für alle Zeiten und alle Völker ist. Der Brief beginnt so: *Doch jetzt in diesen letzten Tagen sprach Gott durch seinen Sohn Jesus Christus zu uns. Durch ihn schuf Gott die Welt und ihn hat er auch zum Erben über diese Welt eingesetzt ... Sein Wort ist die Kraft, die das Weltall zusammenhält. Durch seinen Tod hatte er ... nun den Ehrenplatz an der Seite Gottes eingenommen, dem alle Macht gehört* (Hebräer 1,1–3). Demnach ist der Jesus, den wir als Kirche verehren, derjenige, der alle Macht hat und der wiederkommt, um die Geschichte der Menschheit zu vollenden.

In seiner Ansprache an griechische Philosophen in Athen behauptet Paulus, dass man die Menschheitsgeschichte aus der Perspektive der Wiederkunft Jesu interpretieren muss (Apostelgeschichte 17,31). Von dieser Zukunft her werden die Verhältnisse auf der Erde heute schon umgestaltet. Ist es, so gesehen, nicht wirklich an der Zeit, tatsächlich schon jetzt „Schwerter" in „Pflugscharen" zu verwandeln und sich in jeder Hinsicht für Frieden einzusetzen? Ist es da nicht wirklich an der Zeit, den Willen Gottes, wie wir ihn in der biblischen Botschaft erkennen, aus der Perspektive des messianischen Zeitalters zu sehen? Schließlich hat es ja bereits begonnen und wird den Höhepunkt der Menschheitsgeschichte herbeiführen. Immerhin sind wir, die wir zur Familie Jesu gehören, schon hier und jetzt dazu berufen, voll und ganz im Sinne Jesu zu leben. Das macht auch die Attraktivität der Gemeinde aus, eben weil sie Jesus mit ihrem Wesen verkörpert.

Wir lesen die Bibel, um Gottes Willen zu erkennen und zu tun

Der, der die biblischen Autoren inspiriert hat, will auch die Gemeinschaft derer leiten, die die Bibel lesen und auslegen, um Gottes Willen zu erkennen. Durch die wirksame Gegenwart des Heiligen Geistes ist es möglich, Einmütigkeit und Konsens unter Christen zu finden. Als die ersten Täufer sich im Jahre 1527 inmitten mancher Bedrängnis versammelten, um Gottes Willen zu erkennen, konnten sie im süddeutschen Schleitheim sieben Glaubensartikel verfassen. Mehrere Tage lang waren sie zusammen, um gemeinsam zu beten und in der Schrift zu forschen. Am Ende beschrieben sie ihre Einmütigkeit als ein „vereinigt worden sein" durch den Heiligen Geist. Diese sieben Artikel sind eine bedeutende biblische und theologische Grundlage geworden, um täuferisch-mennonitische Gemeinden zu sammeln und zu festigen.

Um Gottes Willen zu erkennen und zu tun, braucht es Klärungsprozesse innerhalb der Glaubensgemeinschaft. Und wir brauchen den Heiligen Geist, um im Licht der Bibel ethische Entscheidungen zu treffen, die Jesus ehren. Gewohnheiten und Gebräuche ändern sich, Wissenschaft und Technologie wandeln sich, die lokale Wirtschaft wird auch global, neue Philosophien und politische Ideen entstehen, Kulturen und multiethnisches Zusammenleben verändern sich, wie auch das Rollenverständnis von Mann und Frau und ihr Verhältnis zueinander. All diese Veränderungen erfordern neue Antworten und neu durchdachte ethische Entscheidungen.

Es ist nicht immer leicht, mit Klarheit festzustellen, was das Gute und was das Böse ist. Nicht immer ist offensichtlich, ob gewisse Verhaltensweisen der „Kultur des Lebens" oder der „Kultur des Todes" zuzuordnen sind. Nicht immer finden wir in der Bibel direkte und klare Antworten auf ethische Fragen der Gegenwart. Deshalb verleiht die Schrift der Gemeinde die Autorität, zu „binden" und zu „lösen" (Matthäus 16,19). Diese Aufgabe besteht darin, als Gemeinschaft der Gläubigen unter der Leitung des Heiligen Geistes Antworten auf die Fragen von heute zu definieren.

In dem Maß, wie wir den Willen Gottes tun, werden wir die Bibel mehr und mehr verstehen lernen. Um unsere Aufgabe als Kirche in der Welt wahrzunehmen, brauchen wir Erkenntnis des Willens Gottes. Für Gott ist die Praxis wichtiger als die Theorie. Deshalb muss die Erkenntnis des Willens Gottes auch zur rechten Tat führen – zur „Orthopraxis". Die „Orthopraxis" eröffnet uns auch ein tieferes Verständnis von Gottes Willen. Je mehr wir gehorchen, desto besser begreifen wir. Hans Denck (um 1500–1527), einer der frühen Schweizer Täuferführer, brachte es so auf den Punkt: „Niemand vermag Christus zu erkennen, es sei denn, dass er ihm nachfolge." In diesem Sinn gehorsam zu leben, ist Ausdruck unserer Liebe zu Gott. Und es ist ebenso Ausdruck unseres Vertrauens in die biblische Botschaft.

Im Kongo hat die mennonitische Kirche starkes Wachstum erlebt. Heute zählt sie mehr als 200 000 Mitglieder in etwa 1500 Ortsgemeinden. Eine geschätzte und geachtete junge Frau in einer der Gemeinden hatte eine theologische und pastorale Begabung. Sie erklärte sich bereit, Verantwortung im pastoralen Dienst zu übernehmen. Das entsprach allerdings nicht der Tradition ihrer Mennoniten-Brüdergemeinde. Zudem ist es in der afrikanischen Kultur nicht gerade üblich, dass eine Frau öffentlich Leitungsverantwortung trägt. Und außerdem gibt es unter den Mennoniten im Kongo, wie unter vielen anderen mennonitischen Kirchen der weltweiten Gemeinschaft, keinen endgültigen Konsens in der Frage, wie man die Bibeltexte über den Dienst von Frauen in der Gemeinde für heute auszulegen hat. Doch die Verantwortlichen des Gemeindeverbandes im Kongo wollten auf die Stimme des Heiligen Geistes hören und zugleich dem großen Bedürfnis nach pastoralen Diensten in ihrem Land begegnen. Diese Frau wurde also als Pastorin in ihrer Gemeinde ordiniert. Allerdings gibt es in den mennonitischen Gemeinden auch keine Einigkeit in der Frage, was die Bibel über die Einsetzung zum Dienst lehrt. Einige meinen, Ordination sei nicht notwendig, da ja alle zum Dienen berufen sind und es so etwas wie Klerus und Laien folglich nicht gebe. Andere halten es für nötig, die Gemeindeleitung durch eine öffentliche Segnung und Bestätigung einzusetzen und so die Berufung durch Gott und die Gemeinde zum Ausdruck zu bringen.

Der Dienst von Frauen und die Frage der Ordination sind Themen, die stark von der kulturellen Tradition geprägt werden. Aber sie haben auch eine große theologische Bedeutung. Deshalb ist es Aufgabe der Ortsgemeinden und regionalen Gemeindeverbände, Gottes Willen zu suchen und dabei auch die eigene Situation und Kultur zu berücksichtigen. So können Lösungen gefunden werden, die biblisch fundiert sind und dem Kontext entsprechen.

Miteinander ins Gespräch kommen

1. Welche Bibeltexte fallen euch ein, die „menschlich“ sind? Was bedeuten sie euch?
2. Welche Bibeltexte veranschaulichen, dass die Bibel ein „göttliches“ Buch ist? Und was bedeuten sie euch?
3. Was denkt ihr über die Aussage, dass der Heilige Geist in den Autoren der Bibel, bei der Zusammenstellung, bei der Übersetzung wie auch in der Auslegung wirksam war und ist ?
4. Was denkt ihr darüber, unklare Bibelstellen im Licht von klaren biblischen Aussagen zu interpretieren? Und was haltet ihr davon, sich auf das zu konzentrieren, was wir verstanden haben, anstatt sich mit unverständlichen Aussagen abzumühen?
5. Anhand von welchen Kriterien entscheidet ihr, ob ein schwieriger Bibeltext intensiverer Erklärungsbemühungen bedarf oder einfach als unverständlich hingenommen werden soll? Und welchen Einfluss auf euer Bibelverständnis haben schwierige Stellen, die euch – aus welchen Gründen auch immer – Mühe machen?
6. Wie versteht ihr die Autorität der Bibel? Wie zeigt sie sich in eurem Leben und euren ethischen Entscheidungen?
7. Wenn die Bibel nicht nur für das individuelle Leben, sondern auch für das Leben der Gemeinde maßgeblich ist, wie praktiziert dann eure Gemeinde die „hermeneutische Gemeinschaft“?

8. Was fällt euch ein zur Notwendigkeit und Gefahr einer „lokalen Theologie"? Wie erfahrt ihr hier die Ergänzung und Bereicherung durch die weltweite christliche Kirche?
9. Welche neuen Wege und Traditionen seht ihr in eurer Gemeinde, um die Bibel als lebendige und gestalterische Kraft für euer Leben und Zeugnis zu gebrauchen?
10. Wie denkt ihr über die Aussage, dass Gehorsam im Tun das Verständnis der Bibel vertieft?
11. Wie lässt sich verantwortlich unterscheiden, inwieweit ein Thema kulturell oder biblisch/geistlich bedingt ist und verstanden werden soll?

Es ist unser Ziel, eine Gemeinschaft von Friedensstiftern zu sein, um Versöhnung, Gerechtigkeit und Lebensqualität für alle zu fördern:

Der Geist Jesu gibt uns die Kraft, Gott in allen Lebensbereichen zu vertrauen. So werden wir Friedensstifter, die der Gewalt absagen, ihre Feinde lieben, nach Gerechtigkeit trachten und ihren Besitz mit Notleidenden teilen.

5. Wir engagieren uns für den Frieden

Um in dieser Welt anders zu leben, brauchen wir Kraft, die von Jesus kommt

Eleanor und Alan Kreider und Paulus Widjaja haben sich in England bzw. Indonesien jahrzehntelang mit dem christlichen Auftrag des Versöhnens und Friedenstiftens beschäftigt und sich praktisch in ihrem Umfeld dafür eingesetzt. Gemeinsam haben die drei das außergewöhnliche Buch *Eine Kultur des Friedens – Gottes Vision für Gemeinde und Welt* verfasst (Buch des Jahres 2005 der Mennonitischen Weltkonferenz). Als es 2006 auf der Delegiertenversammlung der Mennonitischen Weltkonferenz in Pasadena/USA vorgestellt wurde, fanden sich alle in dieser sehr praxisbezogenen Friedenstheologie wieder. Die Autoren wenden sie auf Gemeinde, Gottesdienst und Familie ebenso an wie auf „Friede am Arbeitsplatz" oder eine „Kultur des Friedens in Zeiten des Krieges".

Vielleicht ist ihre überraschendste Schlussfolgerung die, dass eine Kultur des Friedens immer mit Evangelisation beginnen und mit ihr verknüpft bleiben muss. Nur so geschieht die Bevollmächtigung durch den Heiligen Geist (Apostelgeschichte 10,44–45). So war es in der Urgemeinde. Als Petrus zu Kornelius gesandt wurde, begann Gottes Vision einer Friedenskultur Gestalt anzunehmen: Durch das Handeln Gottes in Christus und die wirksame Gegenwart des Heiligen Geistes wird Friede zwischen verfeindeten Menschen möglich. Also tat Petrus in Cäsarea das, was Jesus von ihm wollte. Vom Heiligen Geist geleitet, schloss Petrus Frieden mit einem Römer. Die Völker von Petrus und Kornelius steuerten auf einen Krieg zu. Aber in Jesus, dem Messias, fanden sie als Brüder zueinander.

Petrus und Kornelius bilden den Kern eines neuen länderübergreifenden Volkes des Friedens. Künftig wird Gottes Familie multikulturell und multiethnisch sein. Sie wird aus Menschen aller Nationen bestehen, die „Gott fürchten und Gerechtigkeit üben"

– und die offen sind für Gottes Werk der Vergebung und Versöhnung. Diese Familie wird ein Haus des Friedens sein, wo unversöhnte Feinde zueinander finden, wo Leute ohne Vergebung eben diese finden und wo sie gemeinsam einen Auftrag empfangen: die „gute Nachricht des Friedens" allen Völkern zugänglich zu machen (*Eine Kultur des Friedens,* S. 19).

Um in dieser Welt anders zu leben, ist es unerlässlich, Gott in allen Lebensbereichen zu vertrauen

Nur Menschen mit einem grenzenlosen Vertrauen in Gott sind in der Lage, echte Friedensstifter zu werden. Doch auch Christen haben Unfrieden in ihren Häusern, ihren Gemeinden, in ihrer Nachbarschaft und an ihrem Arbeitsplatz. Friedlosigkeit nimmt ihren Anfang in unseren Gedanken und Gefühlen. Augustin hat treffend ausgedrückt: „Du hast uns zu deinem Eigentum erschaffen und ruhelos ist unser Herz, bis es ruht in dir." Dazu sind drei Dinge äußerst hilfreich (s. a. *Eine Kultur des Friedens,* Anhang 1):

- Die Tatsache von Konflikten zu akzeptieren und einzusehen, dass sie in unserem alltäglichen Leben unvermeidlich sind;
- Zuversicht zu behalten, im Vertrauen darauf, dass Gott mit uns geht und dass Konflikte, die gut verarbeitet werden, zu unserem Wachstum beitragen;
- uns Gott im Gebet anzuvertrauen, indem wir ihm unsere Bedürfnisse, aber auch die unserer Konfliktgegner, bringen und ihn um eine Lösung bitten, die für beide befriedigend ist (Jakobus 5,16).

Friede hat etwas mit unserem Verhalten zu tun. Es ist notwendig, direkt auf die zuzugehen, mit denen wir uneinig sind (Matthäus 8,15–20). Und wir sollten den anderen nicht hinter seinem Rücken kritisieren. Erforderlich ist auch eine demütige Haltung, die unseren Anteil an der Entstehung eines Konflikts eingesteht, anstatt nur die andere Seite zu beschuldigen (Galater 6,1–5). Es ist außerordentlich nützlich, zu lernen, sorgsam zuzuhören und mit seinem Urteil zurückhaltend zu sein. Und dann braucht es auf beiden Seiten die Gesprächs- und Kooperationsbereitschaft, um eine gemeinsame Lösung zu finden, die beiden gerecht wird.

Frieden hat mit unserer grundsätzlichen Lebenseinstellung zu tun. Nichts darf uns vom gemeinsamen Fundament abrücken lassen, nämlich von Christus und seiner unerschütterlichen Liebe. Manchmal kann ein begabter und ausgebildeter Mediator eine große Hilfe für beide Seiten sein. Auch die Gemeinde selbst als Gemeinschaft der Gläubigen kann hilfreich sein. Wir sollten nie daran zweifeln, ihr das zuzutrauen. Das gilt für die Ortsgemeinde, aber auch für Regionalverbände und die weltweite Kirche. Die Bibel fordert uns auf, der Gemeinde als Leib Christi mehr zu vertrauen als öffentlichen Gerichten, wenn es darum geht, Konflikte zu lösen (1. Korinther 6,1–6).

In den Straßen von Fresno in Kalifornien, USA, findet sich ein solches Maß an Gewalt, das in ganz Nordamerika kaum noch übertroffen wird. Ein deutliches Hoffnungszeichen wurde von mennonitischen Diakonen und Studierenden gesetzt, als sie begannen, Mediation in öffentlichen Schulen anzubieten und die örtliche Polizei in ihrer Arbeit zu unterstützen. Die ganze Stadt entdeckte auf diese Weise, dass christliche Gemeinden Fähigkeiten und Erfahrungen in Konflikttransformation und im Friedensstiften haben.

Wir sehen unsere Berufung in dem Auftrag, Friedensstifter zu werden

Jesus spricht den „Friedensstiftern" eine besondere Seligpreisung zu (Matthäus 5,9). Er verheißt ihnen, dass sie „Kinder Gottes" genannt werden. Und der Hebräerbrief verbindet Friedenstiften mit Heiligung: *Setzt alles daran, mit jedem Menschen Frieden zu haben und mit eurem ganzen Leben Gott zu gehören. Sonst werdet ihr den Herrn niemals sehen* (Hebräer 12,14).

Ricardo Esquivia wuchs in einem mennonitischen Waisenheim für Kinder von Leprakranken in Kolumbien auf. Er studierte Jura und vermittelt in den gewalttätigen Konflikten zwischen der kolumbianischen Regierung und der Guerillabewegung FARC. Er ist völlig davon überzeugt, dass Christus uns befähigt, Friedensstifter zu sein. Deshalb rief er alle kolumbianischen Gemeinden wie auch die weltweite täuferisch-mennonitische Familie dazu auf, ihre Kirchen in „Schutzräume des Friedens“ zu verwandeln. So könnten sie Orte des Asyls werden, wo verfolgte und gequälte Menschen Zuflucht finden, wo man gemeinsam betet und arbeitet für den Frieden.

Wer für den Frieden arbeitet, bekommt oft die Feindseligkeiten beider Konfliktparteien zu spüren. Deshalb kann man diese Arbeit nicht ohne ein großes Vertrauen in Gott und die Abhängigkeit von ihm tun. Es ist ein Dienst, der im Glauben getan werden muss. Den Erfolg seines Einsatzes sieht man oft zu Lebzeiten nicht mehr. Aber in dem Bewusstsein, dass wir von Christus dazu beauftragt sind und dass er diesen Dienst segnet, wollen wir alles daran setzen, unserer Verpflichtung zum Frieden treu nachzukommen.

Im Rahmen der Versammlung der Mennonitischen Weltkonferenz 1984 in Straßburg rief Ronald J. Sider dazu auf, „Christliche Friedensstifterteams“ zu bilden. Seitdem sind einige solcher Teams in Konfliktgebieten wie Palästina, Zentralamerika, Irland und anderswo tätig (*Christian Peacemaker Teams,* www.cpt.org). Es geht ihnen darum, den Friedensauftrag im Namen Christi und seiner Gemeinde zu erfüllen.

Dirk Willems (†1569), ein verfolgter Täufer des 16. Jahrhunderts, rettete das Leben des Soldaten, der ihn verfolgte und dabei durch das Eis gebrochen und in den Fluss gestürzt war. Es war eine sekundenschnelle Entscheidung. Dirk hatte eine Grundhaltung entwickelt, die man Friedensinstinkt oder -reflex nennen könnte: Angesichts der Gefahr griff er nicht an, floh aber auch nicht. Seine Art, zu reagieren, war geprägt von seiner Gemeinschaft mit Jesus und der Einstellung, die er in der Gemeinde der Gläubigen gelernt hatte. Das Friedenstiften ist eine christliche Tugend und muss uns zur Gewohnheit werden, weil es unserer Kultur des Friedens entspricht.

Friede verträgt sich nicht mit Gewalt

Um auf Gewalt zu verzichten, ist es unabdingbar, auf die Kraft des Geistes Jesu zu bauen. Der große Schweizer Theologe Karl Barth (1886–1968) hat wichtige Impulse zur Erneuerung der Theologie der Täufer und Mennoniten im 20. Jahrhundert beigesteuert.

In den Jahren des „Kalten Krieges“ vertrat er immer die Ansicht, man solle nicht auf Waffen vertrauen, um den Frieden zu sichern. Am Ende seines Lebens, nachdem er elf Ehrendoktor-Hüte verliehen bekommen hatte (von denen er sagte, dass er sie alle an der Himmelsgarderobe wieder abgeben würde ...), bemerkte er: „Das Einzige, was ich in meinem Leben sein wollte, ist jener Esel, von dem es heißt, dass er Jesus nach Jerusalem trug.“ Und als Journalisten ihn im Rahmen eines Amerikabesuches fragten, was wohl seine größte theologische Entdeckung sei, antwortete er mit dem alten Sonntagsschul-Lied: „„Jesus liebt mich ganz gewiss, denn die Bibel sagt mir dies.“

Weil wir uns von Jesus geliebt wissen, können wir uns den Luxus erlauben, auf Gewalt zu verzichten. Christliche Ethik kann nie etwas anderes sein als die Ethik Jesu. Wenn die Kirche der Leib Christi ist, dann kann die Ethik dieses Körpers nicht im Widerspruch stehen zu seinem Kopf, Christus. Dies ist der Grund, warum täuferisch-mennonitische Theologie sich bemüht, die Ethik Jesu für alle Bereiche des Lebens und alle Entscheidungen menschlichen Handelns relevant zu machen.

Dazu gehört auch die Überzeugung, dass die Ethik Jesu und der Gemeinde auch eine gute Ethik für die Gesellschaft ist. Jeder Mensch, auch wenn er noch nicht zur Christusnachfolge entschlossen ist, kann von der Anwendung der Ethik Jesu profitieren. Jede Gesellschaft, auch wenn sie keine christozentrische Kultur ist, profitiert davon, wenn sie die ethischen Richtlinien Jesu ernst nimmt. Denn wenn Jesus sagt: *Ich bin der Weg, die Wahrheit und das Leben,* dann gilt das auch für ethische Entscheidungen von Christen wie Nicht-Christen.

Menschliche Gewalt äußert sich auf verschiedene Weise. Eine der schlimmsten Formen ist religiöse Gewalt, die den Anderen durch physischen, sozialen und emotionalen Druck dazu zwingen will, zu glauben, was man selbst glaubt. Auch verbale Gewalt, die den Nächsten mit verletzenden Worten erniedrigt und „kaputtmacht“, ist verwerflich. Das gilt besonders für die Beziehungen in Ehen und Familien. Und die verschiedenen Formen sexueller Gewalt und

Gewalt in der Familie sind völlig unvereinbar mit dem Geist Jesu und zu unterlassen.

Durch die Menschheitsgeschichte hindurch haben die Reichen viel Gewalt auf die Armen ausgeübt. Die haben ihrerseits immer wieder auch mit Gewalt geantwortet. Heute sehen wir, dass die Globalisierung der Wirtschaft ein beträchtliches Potential in sich birgt, gewalttätig mit schwächeren Gesellschaften umzugehen. Hand in Hand mit der Globalisierung werden oftmals auch kulturelle Merkmale aufgezwungen. Marktmacht und Medienwirkung tragen dann dazu bei, Werte und kulturelle Traditionen schwächerer gesellschaftlicher Gruppen zu verdrängen. Die Medien selbst sind eine treibende Kraft in der Verbreitung von Gewalt, indem sie gewalttätige Inhalte und „aggressive Verkaufsstrategien" weitergeben.

Aber die beklagenswerteste Form von Gewalt ist und bleibt die Anwendung von Waffen gegen Andere. Die Polizei weiß manchmal nicht, wie sie ihre Arbeit ohne Gewaltanwendung tun soll. Autoritäre politische Strukturen greifen gern zu Folter und Gewalt, um ihre Macht zu erhalten. Immer mehr ethnische und religiöse Konflikte meint man mit Waffengewalt lösen zu können. Frustrierte Minderheiten wenden sich dem Terrorismus zu. Und die Verfolgung von wirtschaftlichen und politischen Interessen verursacht auch weiterhin Kriege mit schrecklichen Folgen.

All diese Formen der Gewalt können sich nicht auf Gott berufen. Sie widersprechen dem Geist Jesu. Wir glauben, dass keine Nation, keine Volksgruppe, keine politische oder religiöse Bewegung, die Waffen gegen den Nächsten richtet, sich auf Gott berufen darf. Solche Haltungen, die dem Geist Jesu widersprechen, müssen als „vor-christlich" bezeichnet werden. Denn Jesus sagt deutlich: *Ihr habt gehört, dass gesagt wurde: Du sollst deinen Nächsten lieben und deinen Feind hassen. Aber ich sage euch: Liebet eure Feinde ... und betet für die, so euch verfolgen* (Matthäus 5,43–44).

Friede verträgt sich nicht mit Feindbildern

Um Feinde lieben zu können, braucht es um so mehr die Kraft des Geistes Jesu. Die *Guidaigo-Sode* sind eine kleine ethnische Gruppe, die dem recht kriegerischen Stamm der *Ayoreos* angehört. Sie bewohnen die nördliche Chacoregion von Bolivien und Paraguay. Sie haben das Evangelium der Erlösung durch Christus in den Wäldern Boliviens durch nordamerikanische Missionare kennen gelernt. Aber nie hatten sie davon gehört, dass Jesus uns lehrt, unsere Feinde zu lieben.

Einer von ihnen, der lesen gelernt hatte und ein Neues Testament besaß, entdeckte die Lehre Jesu in der Bergpredigt. In den 1980er Jahren besuchte er seine Stammesverwandten im zentralen Chaco Paraguays und teilte ihnen seine Entdeckung mit. „Wenn Jesus dazu auffordert, die Feinde zu lieben, dann müssen wir unsere alten Gegner suchen, die *Totobiego-Sode,* die im Norden leben, und von denen wir so viele getötet haben“, reagierten sie auf das Gehörte. Sie mieteten ein kleines Flugzeug, um ihre alten Feinde im Busch zu suchen. Nachdem sie sie ausfindig gemacht hatten, beschlossen sie, ihnen einen Besuch abzustatten, und machten sich auf eine lange Fußwanderung.

„Lasst uns keine Waffen tragen. Und wir wollen uns auch nicht verteidigen“, sagte der Anführer der Gruppe. „Wir haben so viele von ihnen getötet und es ist durchaus möglich, dass einige von uns ihr Leben verlieren müssen, damit sie verstehen, dass wir in Frieden kommen und dass uns Jesu Liebe auf diesen Weg zu unseren Feinden getrieben hat.“ Die ersten Minuten, als die beiden Gruppen dann aufeinandertrafen, waren brutal. Totobiego-Sode töteten fünf und verletzten vier Teilnehmer der Friedensdelegation der Guidaigo-Sode. Aber als sie merkten, dass diese sich völlig gewaltlos verhielten, hörte das Töten auf. Man schloss Frieden und reiste gemeinsam in das Dorf der Guidaigo-Sode. Und das Interesse war groß, mehr von Jesus zu erfahren.

Feinde zu lieben, ist der revolutionärste Teil der christlichen Botschaft. Und genau an diesem Punkt weist die Kirche die meisten ihrer Fehler und Sünden auf. So schnell sind unsere persönlichen Interessen stärker. So leicht gewinnen Stolz und beleidigte Ehre die Überhand. Häufig ist die nationale Identität stärker als die christliche Identität. Und allzuleicht verdrängt der Eifer um die eigene Kirche den Wunsch nach christlicher Einheit.

Wir kleben an unseren Besitztümern, seien sie materieller, kultureller oder intellektueller Art. Wir wollen das Unsrige verteidigen, indem wir verachten, angreifen und hassen, wer es in Frage stellt. Wir fühlen uns gedemütigt, wenn andere erfolgreicher, berühmter oder mächtiger werden. Wir verlieren unsere Sicherheit und unser Selbstwertgefühl, wenn man uns kritisiert, angreift oder demütigt. Feinde zu lieben ist keine Qualität, über die wir einfach so verfügen, es sei denn, der Geist Jesu gibt uns die Kraft dazu.

Um Feinde lieben zu lernen, ist es hilfreich, im Kleinen zu beginnen. Gedanken und Gefühle, die unserem Kopf und Herzen entspringen, rauben uns den Frieden. Wir brauchen so etwas wie mentale und emotionale Hygiene. Hab Acht auf deine Gedanken! Hab Acht auf dein Herz! Wenn sich in deinem Denken ein Feindbild einnistet, geht es darum, dieses Bild abzubauen. Feindbilder kann es durchaus auch unter Glaubensgeschwistern geben. *Wo Missgunst und Streit herrscht, da gerät alles in Unordnung* (Jakobus 3,16). Die Feindbilder im Archiv unserer Erinnerungen müssen gelöscht werden. Wenn sich in deinem Herzen eine bittere Wurzel einnistet, muss sie entfernt werden. Das gilt auch für Bitterkeiten, die durch erlittene Ungerechtigkeit entstehen. Manchmal braucht man professionelle und gemeinschaftliche Hilfe, um von Bitterkeit frei zu werden. In jedem Fall gilt, was die Bibel sagt: *Achtet darauf, dass keiner von euch an Gottes Gnade gleichgültig vorübergeht, damit sich das Böse nicht bei euch breit macht und Zank und Streit die ganze Gemeinde vergiften* (Hebräer 12,15).

Friede kann nicht bestehen ohne Gerechtigkeit

Um sich selbstlos für Gerechtigkeit einzusetzen, die vor Gott gilt, bauen wir auf die Kraft des Geistes Jesu. Auf Gewalt zu verzichten und Feinde zu lieben, muss einher gehen mit dem Einsatz für Gerechtigkeit.

Die Kirche kämpft nicht für Gerechtigkeit, um Privilegien und Vorteile für Christen zu erstreiten. Sie kämpft für Gerechtigkeit, weil das Unrecht Teil des „alten Äons des Fürsten der Finsternis“ ist und weil Gerechtigkeit zum „neuen Äon des Friedefürsten“ gehört. Außerdem ist Gerechtigkeit ein „Schutzpanzer“ in sozialen und geistlichen Auseinandersetzungen (Epheser 6,14). Gemeinsam mit dem „Gürtel der Wahrheit" bleiben wir dadurch standfest. Und dieses Stehvermögen, gemeinsam mit den „Schuhen des Friedensevangeliums", bringt das Reich Gottes voran (Epheser 6,15). Im Reich Gottes geht es nämlich um Wahrheit, Gerechtigkeit und Frieden. Bemerkenswert ist auch, dass Jesus seine Seligpreisung für die „Friedensstifter" verbindet mit der Seligpreisung für Menschen, die „wegen Gerechtigkeit verfolgt werden" (Matthäus 5,9–10). Gerechtigkeit kommt aus der Gerechtigkeit Gottes und hat wirtschaftliche, soziale und strafende Aspekte.

Das Erlösungswerk Jesu selbst macht uns gerecht. Dies ist das zentrale Argument, das Paulus im Römerbrief entfaltet. Als Martin Luther diesen Brief las, führte diese biblische Wahrheit zur großen Reformbewegung des 16. Jahrhunderts. Sie war auch das zentrale Thema der täuferischen Reform. Diese drängte darauf, dass die Gerechtigkeit Gottes im Leben der Christen und der christlichen Kirche sichtbar werden muss.

Was ist mit der Gerechtigkeit gemeint, die „vor Gott gilt"? Es ist eine Gerechtigkeit *aus Glauben in Glauben*, durch die der Gerechte lebt (Römer 1,17). Das ist so einfach wie grundlegend: Gott spricht uns gerecht und macht uns gerecht. Beides geschieht durch denselben rettenden Glauben. Denn Glaube bedeutet Zuversicht, aber auch Gehorsam. Und beides ist nur in einer Beziehung der Abhängigkeit von Jesus zu finden.

Christus macht uns vor Gott gerecht, vergibt uns all unsere Sünden und macht uns frei von jeder Verdammung. Durch das Leben im Glauben macht Christus uns gerecht, indem er unsere Lebensführung zum Gehorsam, zur Abhängigkeit und zum Vertrauen ihm gegenüber hinwendet. Denn Erlösung ist Beziehung mit Christus. Das ist das Wesen der Erlösung. Ihre beiden Dimensionen, die zugesprochene Gerechtigkeit und die verwirklichte Gerechtigkeit, dürfen nicht voneinander getrennt werden. Sonst verfällt man entweder dem Irrtum des Perfektionismus oder dem der moralischen Gleichgültigkeit.

Deshalb freuen wir uns als Gemeinden, wenn jemand bekennt, in Jesus Erlösung gefunden zu haben. Gewöhnlich warten Gemeinden dann noch etwas mit der Taufe, damit in dieser Person auch die Konsequenzen und Früchte der Erlösung erkennbar werden können. Eine Lebensveränderung, die auch Wiedergutmachung von begangenem Unrecht beinhaltet, und ein neuer Lebensstil des Gehorsams gegenüber Jesus sind Hinweise, die zur Taufe und Eingliederung in die Kirche führen.

Die prophetische Botschaft von Friedensstiftern schließt auch die prophetische Botschaft ein, die Gerechtigkeit einfordert, besonders Gerechtigkeit für andere. Das Reich Gottes ist ein Reich der Gerechtigkeit. Sie sollen wir in erster Linie suchen (Matthäus 6,33). Nein, wir werden nicht dazu aufgefordert, uns mit eigenen Händen Gerechtigkeit zu verschaffen. Die Kirche verfügt auch nicht über die politische Macht, um Gerechtigkeit „von oben her" in der Gesellschaft durchzusetzen. Sie wünscht sich auch keine politische Macht, die nicht mit dem Geist Jesu übereinstimmt. Aber entschlossen werden sich die Jesusnachfolger allein und gemeinsam für Gerechtigkeit einsetzen. Dieser Einsatz fordert ähnliche Verzichte wie bei der Feindesliebe. Es wird vor allem darum gehen, zu bezeugen und zu verkündigen.

Nicht politische Ideologien oder gut gemeinter Humanismus begründen solchen Einsatz. Vielmehr ist es der Wunsch, dass Jesus Christus zu Wort kommen soll und seine Gemeinde ihn in der Welt sichtbar verkörpert. Das tat Paulus, als er den Gouverneur Felix konfrontierte: *Aber als Paulus von Gerechtigkeit, von der Enthaltsamkeit und dem künftigen Gericht Gottes sprach, erschrak Felix* (Apostelgeschichte 24,25). In der Gemeinde geht es aber noch um mehr. Sie soll ein Beispiel sein für gelebte Gerechtigkeit innerhalb der eigenen Gemeinschaft. Und zwar so, dass es ansteckend auf ihr soziales Umfeld wirkt. Jesus nennt seine Jünger das „Licht der Welt" und beauftragt sie: *So lasset euer Licht scheinen vor den Leuten, damit sie eure guten Werke sehen und euren Vater im Himmel preisen* (Matthäus 5,16).

Als Gemeinschaft lateinamerikanischer Theologen (*Fraternidad Teológica Latinoamericana,* FTL) saßen wir im karibischen Santo Domingo zusammen. Fiona Wilson aus England, von den dortigen Kirchen gesandt, informierte uns über die Micha-Initiative (www.micahchallenge.org) und lud uns ein, uns an dieser weltweiten Bewegung zu beteiligen. Unter Berufung auf die Aussagen des Propheten (Micha 6,8) hat die Bewegung sich zum Ziel gesetzt, Gemeinden zu ermutigen, „Gerechtigkeit, Barmherzigkeit und Demut" zu ihrem Schwerpunkt zu machen. 2004 fand dann der Lausanner Kongress für Weltmission – nach Lausanne 1974 und Manila 1989 der dritte – in Pattaya, Thailand, statt. Die Schlussansprache zu besagtem Micha-Text hielt Valdir Steurnagel aus Curitiba, Brasilien, Vorsitzender von World Vision und Mitglied der FTL. Sein Aufruf, Gemeinden der Gerechtigkeit, Barmherzigkeit und Demut zu werden, hinterließ einen tiefen Eindruck auf die versammelten Kirchenvertreter aus 135 Ländern. Ich freue mich, dass dieses Anliegen inzwischen auch im deutschsprachigen Raum aufgenommen wird (www.micha-initiative.de, www.stoparmut.ch). Demut, Barmherzigkeit und Gerechtigkeit, die von Gott kommen, sind entscheidende Kräfte, um nachhaltig Frieden zu fördern.

Christliche Friedenskultur teilt den Besitz mit Notleidenden

Innerhalb der weltweiten täuferisch-mennonitischen Familie hat eine bedeutsame Entwicklung begonnen. Im Rahmen der Initiative: *Gaben teilen* der Mennonitischen Weltkonferenz besuchten Pakisa K. Tshimika aus dem Kongo und Timothy C. Lind aus den Vereinigten Staaten Gemeinden auf mehreren Kontinenten, um sie zu ermutigen, ihre Gaben zu entdecken und sie mit der weltweiten Familie des Glaubens zu teilen. Das Buch der beiden, das daraus erwachsen ist, *Teilen, was wir sind und haben – Als Kirche weltweit geben und empfangen* (Buch des Jahres 2003 der Mennonitischen Weltkonferenz), erinnert uns an Folgendes: Von der Schöpfung bis zu Jesus und dem Pfingstereignis gibt sich uns der dreieinige Gott als ein Gott zu erkennen, der seine Gaben teilt. Die Kirche ist eine Familie, ein Laib Brot, an dem wir alle teilhaben, und in ihr verteilt ein und derselbe Geist viele Gaben. Sie werden empfangen, um weitergegeben zu werden, damit die weltweite Familie ein erfülltes Leben hat (*Teilen, was wir sind und haben*, S. 30–77).

Tshimika und Lind benennen auch Hindernisse für das Teilen von Gaben: Kommunikation, wirtschaftliche Unterschiede, organisatorische Defizite, zentralisierte Entscheidungsfindung, ein fehlender Blick für das Ganze, Angst vor Unterschieden in Kultur, Rasse und Theologie, die Meinung, einige Gaben seien wertvoller als andere, und eben auch Habgier (S. 80–95).

Am Ende ihres Buches empfehlen sie allen Gemeinden, „reich bei Gott zu werden“:

> *Manchmal wirken unsere Kirchen vielleicht im wörtlichen und übertragenen Sinn wie Lagerhäuser des Reichtums – wie Orte, an denen menschliche Mittel gesammelt und aufbewahrt werden, manchmal in immer größeren „Scheunen“. Jesus stellt dem Fürsich-Behalten unserer Gaben den „Reichtum bei Gott“ gegenüber. Damit eine Kirche reich bei Gott ist, müssen die Gaben durch die Leitung der Kirche freigesetzt werden* (S. 117).

In einer Zeit globaler Kommunikation und Netzwerke fangen wir wohl gerade erst an, zu verstehen, was es bedeutet und bedeuten kann, Besitz und Gaben zu teilen. Nirgends in der Bibel werden wir aufgefordert, privaten Besitz abzuschaffen. Aber die ersten Gemeindeglieder in Jerusalem behandelten ihren Besitz, als ob er ihnen gemeinsam gehörte. Übrigens gab es in Israel auch das Erlassjahr, das alle 50 Jahre mit einem Neuanfang durch eine generelle Entschuldung und Freilassung aus Schuldsklaverei gefeiert werden sollte. So sollten gerechte Verhältnisse und Lebensbedingungen wiederhergestellt werden.

Treue Gemeinden werden auf die Menschen in ihrer Umgebung achten, auf die Notleidenden und die, die im Wohlstand leben. Als eine globale Glaubensfamilie nehmen wir schmerzvoll wahr, dass die meisten Länder der nördlichen Hemisphäre in Wohlstand und Überfluss leben, während viele Länder im Süden mit extremem materiellen Mangel ums Überleben kämpfen. Zum Teil lässt sich diese Situation zurückführen auf historische und aktuelle strukturelle wirtschaftliche Ungerechtigkeiten, Macht und Technologietransfer sowie den Umgang mit Auslandsschulden. Die Mennonitische Weltkonferenz leistet mit ihrem weltweiten Fonds zur gegenseitigen Unterstützung einen kleinen Beitrag, um in einer ungerechten Welt biblische Gerechtigkeit zu leben.

Miteinander ins Gespräch kommen

1. Erklärt auf überzeugende Weise den Zusammenhang zwischen Evangelisation und Frieden. Inwiefern zeigt die Geschichte von Kornelius (Apostelgeschichte 10) diesen Zusammenhang?
2. Wie kann jemand, der ethnisch, kulturell, religiös oder geschichtlich bedingt völlig anders ist, wirklich in die Gemeinschaft der Gemeinde aufgenommen werden?
3. Wie gehen wir mit unseren Ängsten und Erinnerungen angesichts von Konflikten um? Welche Schritte sind für uns notwendig auf dem Weg, wirklich (reflexhafte) Friedensstifter zu werden?
4. Wie lässt sich der Anspruch Jesu, „der Weg, die Wahrheit und das Leben“ zu sein, als eine ethisch gemeinte Aussage verstehen?
5. Was beeindruckt euch am meisten an dem Beispiel der beiden Gruppen aus demselben Chaco-Stamm?
6. Wie können wir vermeiden, dass unsere persönlichen Interessen, unser Besitz oder unsere verletzte Würde den Frieden und die Einheit unter den Christen verzehren? Und wie sorgen wir dafür, dass keine Bitterkeit in uns keimt?
7. Wie setzt eure Gemeinde ein Zeichen der Gerechtigkeit in einer ungerechten Welt? Wo solltet ihr euch konkret engagieren?

8. Was denkt ihr über die einfache Erläuterung: „Gott spricht uns gerecht und macht uns gerecht“? Welche Erfahrungen können das veranschaulichen?
9. Wie versteht ihr die Begriffe der „zugesprochenen“ und der „verwirklichten“ Gerechtigkeit? Worin liegt die Gefahr, auf eine der beiden Dimensionen zu verzichten?
10. Sucht nach einer konkreten Möglichkeit, wie die Mitglieder eurer Gemeinde mit ihrem persönlichen Besitz umgehen könnten, als ob er ihnen nicht allein gehörte.

Wir wollen eine Gemeinschaft sein, die einander hilft, Gottes Wort zu hören und ihm zu folgen:

Wir versammeln uns regelmäßig zum Gottesdienst,
um das Abendmahl zu feiern
und um Gottes Wort zu hören.
Wir tun das im Bewusstsein
gegenseitiger Verantwortlichkeit.

6. Wir versammeln uns und feiern gemeinsam

Wir versammeln uns gern als Gemeinde

Wir kommen zusammen, damit uns Gott dient. Aber wozu ist es eigentlich erforderlich, dass Christen sich treffen, und warum tun wir das vorzugsweise am Sonntag? Der Sonntag gilt als Tag der Auferstehung Christi. Und die Gemeinde versammelt sich im Bewusstsein, dass der auferstandene Christus gegenwärtig ist.

Nun gilt es zu verstehen, dass im Gottesdienst vor allem Gott selbst uns dienen will. Er tut das, noch bevor wir ihm etwas bringen könnten. So viele Dinge kann nur er geben: bedingungslose Annahme, Vergebung der Sünden, neue Würde und Selbstwertgefühl, Trost für Leidtragende, Befreiung von Sorgen und Lasten, das Angebot seiner Freundschaft und auch viele alte und neue Freundschaften innerhalb der Glaubensgemeinschaft, ein Zugehörigkeitsgefühl und die Berufung, an einer großen, guten und ewigen Sache mitzuwirken.

Wir versammeln uns aber auch, um Gott zu dienen. Wahrer Gottesdienst erfordert unseren Beitrag. Nur so wird er authentisch, überzeugend und dienlich. Es gibt viele Möglichkeiten, Gott zu dienen. Sie alle sind Antworten auf seine Gnade, aber auch Folgen seiner Gnade. Wir dienen Gott, indem wir uns ihm zur Verfügung stellen mit unserer Zeit, unseren Gaben, unserem Geld und unserer Fähigkeit, zu lieben. Dementsprechend soll unser ganzes Leben ein *vernünftiger Gottesdienst* sein (Römer 12,1). Wir dienen Gott auch, indem wir alle falschen Götter aufgeben. Wir dienen Gott, indem wir von seinem Wesen erzählen und von seinen großen Taten in der Geschichte reden.

Wenn wir uns versammeln, bereiten wir uns auch darauf vor, der Welt zu dienen. Gott möchte, dass wir ihm dienen, indem wir für seine Schöpfung und für seine Menschheit da sind. Jakobus behauptet sehr radikal, dass der reine Gottesdienst darin besteht,

Witwen und Waisen in ihrer Not zu helfen und sich vom gottlosen Treiben dieser Welt nicht verführen zu lassen (Jakobus 1,27). Und Jesus weist uns darauf hin, dass wir ihm dienen, indem wir dem „Kleinsten unter den Brüdern" zur Seite stehen (Matthäus 25,40). Unser Dienst an der Welt ist sowohl diakonisch als auch zeugnishaft: Den Bedürfnissen der Menschheit zu dienen, entspricht dem Gebot der Nächstenliebe. Und von der Rettung in Christus Zeugnis zu geben, entspricht dem Auftrag, alle Völker zu Jüngern zu machen. Zu beiden Diensten sollen uns die regelmäßigen Zusammenkünfte der Gemeinschaft der Gläubigen befähigen.

Anbetung ist der eigentliche Grund unserer Gottesdienste

Anbetung hat vor allem mit Gebet zu tun. Gott allein soll angebetet werden. Das mosaische Gesetz verbot jegliche göttliche Verehrung von Gegenständen oder Lebewesen *oben im Himmel, unten auf der Erde oder im Wasser. Bete sie nicht an und diene ihnen nicht* (2. Mose 20,4–5). Und das Buch der Offenbarung warnt vor der göttlichen Verehrung politischer und nationalistischer Mächte: *Wer ist wie das Tier? Wer kann gegen das Tier kämpfen?* (Offenbarung 13,4).

Aber wo die Gemeinde in Anbetung und Fürbitte steht, da tut Gott große Dinge. Die Apostel waren eingekerkert worden und man hatte ihnen verboten, von Jesus zu predigen. Sie berichteten der versammelten Gemeinde davon, und diese fing an zu beten: *Herr, du hast die Himmel und die Erde und das Meer erschaffen, und dazu alles, was lebt ... Und nun, Herr, höre ihre Drohungen! Hilf allen, die an dich glauben, deine Botschaft ohne Angst weiterzusagen* (Apostelgeschichte 4,24.29). Anbetung verändert unsere Beziehung zu Gott, und Fürbitte verändert unsere Beziehung zum Nächsten.

Anbetung hat auch mit Selbsthingabe zu tun. Wir haben gesehen, dass der Gottesdienst zu einem Dienst für Gott wird, wenn wir uns ihm bedingungslos zur Verfügung stellen. Das schließt zwei weitere Dinge ein, durch welche Anbetung echt wird: Wir streben nach der „Heiligung" unseres Lebens, so dass wir unser Leben nicht mehr in „geistliche" und „weltliche" Bereiche aufteilen, sondern

Gott die Herrschaft in *allen* Dingen zugestehen. Und dann gehört zur Anbetung auch die Bundeserneuerung mit Gott. Was wir öffentlich durch die Taufe zum Ausdruck gebracht haben und was wir in jedem Abendmahl feiern, ist Teil authentischer Anbetung: der Wunsch und die Verpflichtung, dem Herrn die Treue zu halten.

Anbetung kann man auch als „Erhebung" Gottes bezeichnen. Wie betet man Gott an, indem man ihn erhebt? Hier darf unsere ganze Kreativität zum Zuge kommen. Denn wenn wir Gott erheben, bringen wir zum Ausdruck: „Du bist großartig! Du bist der Beste! Du bist der Erste! Du bist der Einzige!" Frauen und Männer der Bibel haben ihre künstlerischen Begabungen eingesetzt, um Gott zu erheben: Musik, Gesang, Tanz, Poesie, Erzählkunst, Theater, Feste, Dekoration, Architektur, Kleidung, Kochkünste oder Spenden von Geld und Kunstschätzen. So soll man Gott Dank opfern und dem Höchsten seine Versprechen halten (Psalm 50,14).

Abendmahl und Taufe sind bewegende Momente

Von Anfang an haben täuferische Gemeinden Sakramenten nur eine symbolische Bedeutung zugeordnet. Sie betrachteten sie als Feiern, die Jesus selbst eingesetzt hat. Auf keinen Fall wollten sie die Kraft und Bedeutung dieser Handlungen schwächen; im Gegenteil, sie wollten sie verstärken. Natürlich praktizierten sie auch Sündenbekenntnis, Salbung der Kranken, Ordination zum Dienst, Trauungen und die Segnung von Kindern in Übereinstimmung mit den Reformen im 16. Jahrhundert. Aber diese Handlungen wurden nicht als formelle Sakramente verstanden. Taufe und Abendmahl feierte man als sichtbaren Ausdruck von Kraftwirkungen der erfahrenen Gnade Gottes.

Wie wir bereits in Kapitel 3 gesehen haben, vermittelt die Bekenntnistaufe zumindest fünf Botschaften: der Täufling hat den Heiligen Geist empfangen, er hat Tod und Auferstehung mit Christus erfahren, seine Sünden sind abgewaschen worden, er wird in die Kirche Christi eingegliedert und schließt einen öffentlichen Bund der Treue gegenüber Gott und der Gemeinde.

Das Abendmahl ist eine Feier, die gegenseitige Annahme und Versöhnung zum Ausdruck bringt. Jesus hat das Abendmahl eingesetzt als Zeichen des neuen Bundes (Lukas 22,20). Er feierte es mit seinen Jüngern im Rahmen eines Festessens mit Brot und Wein. Dadurch kommt zum Ausdruck, dass Gott seine unzuverlässigen Jünger und auch uns annimmt und entschlossen ist, mit diesen Nachfolgern sein Reich voranzubringen.

Gottes Annahme ist nur möglich, weil er uns unsere Sünden vergibt. Jesus gab sein Leben und vergoss sein Blut, um uns diese Annahme zu beweisen und diese Vergebung zu ermöglichen. Weil Gott vergibt, annimmt und versöhnt, sollen auch wir vergeben, annehmen und Versöhnung praktizieren. Wer nicht vergeben will, wer sich nicht auf Wege der Versöhnung einlassen will, hat den Sinn des Abendmahls nicht begriffen und sollte auch nicht daran teilnehmen. Er fällt unter das Urteil Jesu gegenüber dem unbarmherzigen Schuldner: *Was bist du doch für ein hartherziger Mensch. Deine ganze Schuld habe ich dir erlassen, weil du mich darum gebeten hast. Hättest du da nicht auch mit deinem Mitarbeiter Erbarmen haben können so wie ich mit dir?* (Matthäus 18,32–33).

Das Abendmahl ist eine Feier des Dankes und der Stärkung. Normalerweise isst man ja, weil man Hunger hat und Energie benötigt. Im Abendmahl will Gott uns daran erinnern, dass unsere Kraft durch das Geschenk seines Sohnes von ihm kommt. Das Brot, das man bricht, enthält eine schöne Symbolik: Viele Körner Weizen gehen durch die Mühle und den Ofen durch Anfechtungen und Verfolgungen, damit der „alte Mensch“ stirbt. Zusammengeknetet in einem Teig bilden sie die Einheit eines Leibes. Auch die Trauben werden ausgepresst und gestampft, damit es nur noch einen Wein gibt. Die Elemente versinnbildlichen nicht nur göttliches Lebensmittel und Einheit der Gemeinde, sondern weisen vor allem auf das hin, was Christus für uns getan hat: Sein Körper wurde gebrochen und sein Blut vergossen, um eine neue Schöpfung, ein neues Bundesvolk, neues Leben zu ermöglichen.

Das erfüllt uns mit großer Dankbarkeit. Wir erinnern uns daran, was Christus für uns getan hat. Wenn wir am Abendmahl teilnehmen, vergegenwärtigen wir sein historisches Handeln, und es wird in uns wirksam. Beim ersten Abendmahl sangen die Jünger Dankespsalmen. Und auch heute sollen wir unsere Dankbarkeit in ähnlicher Weise zum Ausdruck bringen.

Das Abendmahl ist eine Feier, bei der wir etwas im Blick auf die Zukunft verkünden. Nicht die Vergangenheit, auch nicht die Gegenwart, sondern die Zukunft soll unsere Gedanken beschäftigen, wenn wir am Abendmahl teilnehmen. Die Kirche lebt ja mehr von der Zukunft als von der Vergangenheit. Das Reich Gottes auf Erden ist der Einbruch und die Vorwegnahme der Zukunft in der Gegenwart. Deshalb soll jede Abendmahlsfeier uns an zwei weitere Dinge erinnern: *Jesu Tod zu verkündigen, bis dass er kommt* (1. Korinther 11,26). Deshalb gilt es auch, den evangelistischen Auftrag ernst zu nehmen im Blick auf seine Wiederkunft. Zum anderen will Christus uns daran erinnern, dass er bereits auf uns wartet, um gemeinsam mit uns *an jenem Tage* zu feiern, wenn er den Becher aufs Neue mit uns teilen wird im Reich seines Vaters (Matthäus 26,29).

Wir versammeln uns, weil Gott zu uns reden will und wir hören wollen

Wir hören Gott in der Predigt, aber die Predigt ist nicht die einzige Form, um das Wort Gottes zu hören. Sie ist jedoch nach wie vor ein biblisches und nützliches Mittel, durch das Gott zu seiner Gemeinde reden will. Jede gute Predigt erklärt einen Bibeltext aus seiner biblischen Kultur- und Zeitgeschichte heraus für unsere heutige Zeit und Kultur. Aber eine Predigt besteht nicht nur aus Erklärungen des Predigers. Zu ihr gehört auch das öffentliche Lesen von biblischen Texten in der Weise, dass die Gemeinde diese Lesung als Verkündigung des Wortes Gottes empfindet. Und keine Predigt darf aufs Gebet verzichten. Prediger oder Gottesdienstleiter rufen gemeinsam mit der Versammlung den Gott der Gnade an. Und weil die Predigt zum Ziel hat, Gottes Willen auf die Situation der Gemeinde und ihrer Glieder anzuwenden, wird sie zur Fürbitte für die Bedürfnisse der Gemeinde und der ganzen Welt führen. Denn die Kirche lebt in der Welt und ist in die Welt gesandt.

Wir hören Gott im gemeinsamen Bibelstudium. Jeder Nachfolger Christi soll die Heilige Schrift gründlich kennen, denn auch Christus kannte sie. Viele Lernhilfen und kirchliche Institutionen dienen diesem Zweck. Neben dem speziellen Theologiestudium für Leiter in der Gemeinde fördert die Kirche die tägliche Bibellese und auch das gemeinsame Bibelstudium der Gläubigen. Viel Bibelkenntnis kann man durch persönliches und meditatives Lesen erlangen. Aber auch bei den regelmäßigen Zusammenkünften der Gemeinde darf das Bibelstudium nicht fehlen. Denn Gesang und das Hören der Predigt reichen nicht aus, um unseren Glauben zu stärken und Antworten zu geben auf die Fragen, wie man als Christ im Alltag treu sein kann. Man kann die Bibel vergleichen mit einem großen Haus, in dem wir wohnen wollen, das wir kennen wollen und von dem aus wir in die Welt blicken.

Wir hören Gott in Zeiten des Austausches. *Singet dem Herrn ein neues Lied!* (Psalm 33,3). Die großen Taten Gottes der Vergangenheit und die vielen guten Dinge, die er bis heute tut, sollen uns zu alten, aber auch zu neuen Liedern führen. Wir singen sie als Gemeinde und als Chöre. Lieder beten Gott an, aber sie sind auch eine gute Art und Weise, das Wort Gottes zu verkündigen und zu hören. Das gilt auch für Gelegenheiten zum Austausch. Gemeindliche Versammlungen in Häusern oder in Kirchengebäuden sollen Raum schaffen, um „Zeugnisse" auszutauschen und Gott zu ehren, indem wir von seiner Treue im Alltag erzählen. Hier ist auch der Raum, um auf prophetisches Reden zu hören. Prophetische Worte können ins gemeindliche Leben genauso hineinsprechen wie in das Umfeld, in dem die Gemeinde lebt. So wie die biblischen Autoren uns ein Zeugnis von Christus hinterließen, so möchten auch wir die Gegenwart Christi in unserem Leben bezeugen.

Bedeutende Entscheidungen werden im Geist gegenseitiger und gemeinsamer Verantwortung getroffen

Wir übernehmen gemeinsam Verantwortung für unseren Lebensstil. Nicht alle Lebensentscheidungen sind Privatentscheidungen. Wenn wir ein „Leib" in Christus sind, dann teilen wir, was wir sind und haben, und das in Freude wie auch in Leid. So fasst es das Buch *Teilen, was wir sind und haben* von Tshimika und Lind zusammen, und so konnte man es 2003 bei der Mennonitischen Weltkonferenz in Simbabwe erleben. Wer zu einem Leib gehört, nimmt Rücksicht auf die anderen Glieder: *Leidet ein Teil des Körpers, so leiden alle anderen mit, und wird ein Teil gelobt, freuen sich auch alle anderen. An diesem Beispiel wollte ich euch erklären: Ihr alle seid der eine Leib Christi und jeder einzelne von euch gehört als ein Teil dazu* (1. Korinther 12,26–27). Natürlich gilt es, soziale Kontrolle zu vermeiden und die Freiheit des Einzelnen zu achten. Aber sowohl in der Ortsgemeinde wie auch in der weltweiten Glaubensfamilie brauchen wir einen Geist der gegenseitigen Verantwortung. Das schließt auch die Bedürfnisse und den Lebensstil jedes Gliedes mit ein.

Wir teilen Verantwortung, wenn wir Berufungen aussprechen und Mitarbeiter ernennen. Welches ist das biblische Modell für die Organisation der Kirche? Tatsache ist, dass kein einheitliches Modell existiert: Wir finden mehrere Modelle oder zumindest Andeutungen von Modellen. Aber drei Dimensionen treten in der Gemeinde des Neuen Testaments immer wieder hervor. Sie werden auch durch die Kirchengeschichte bekräftigt: Die Gemeinde braucht dienende Leiter; die Gemeinde braucht ein Leitungsteam; die ganze Gemeinde muss an Leitung und Dienst beteiligt sein.

Die episkopale Tradition (Bischöfe) betont die Notwendigkeit einer gewissen Autoritätsstruktur und starken Leitung durch Einzelpersonen. Die presbyteriale Tradition (ein Gemeinderat von Ältesten) gibt der Teamleitung den Vorrang. Und die kongregationalistische Tradition verleiht der Mitgliederversammlung der Ortsgemeinde letzte Autorität.

Da alle drei Formen in der Bibel verwurzelt sind, haben die Täufergemeinden versucht, sie miteinander zu verbinden. Berufung und Dienst von Einzelpersonen brauchen eine Bestätigung von Seiten Gottes und der Gemeinde. Autorität muss sowohl „von oben“ als auch „von unten“ kommen. Vor allem muss jede geistliche Autorität mehr von geistlichen Qualitäten getragen sein als von dem Amt, in das durch Mehrheitsbeschluss gewählt wird. Nichtsdestotrotz sind Mehrheitsbeschlüsse wichtig, um Autorität zu schützen und zu legitimieren.

Leitung muss immer im Team wahrgenommen werden. Geistliche Autorität erwächst aus geistlichen Qualitäten und nicht aus der Wahl in ein Amt. Verantwortung füreinander wahrzunehmen bedarf der gegenseitigen Ermutigung und Ermahnung. Beides trägt zu einem gesunden Gemeindeleben bei.

Unsere Theologie der Berufung, der Segnung und Ordination von Männern und Frauen will die Bestätigung Gottes und die Bestätigung der Gemeinde miteinander in Einklang bringen.

Wir übernehmen gemeinsam Verantwortung für alle Dienste der Kirche. Alle Aufgaben und Dienste der Gemeinde gehören allen. Nicht nur die Diakone, sondern auch die *Apostel, Propheten, Evangelisten, Hirten und Lehrer* sollen ihren Auftrag darin erkennen, *die Christen für ihren Dienst auszurüsten* (Epheser 4,11–16). Obwohl wir Aufgaben je nach Gaben und Möglichkeiten verteilen, gehört der Dienst der Gemeinde doch allen. Und die Aufgabe derer, die vollzeitlich in Gemeinde und Mission engagiert sind, besteht darin, die ganze Gemeinde zur Mission und zum Dienst anzuleiten.

Miteinander ins Gespräch kommen

1. Der Autor nennt drei Begründungen für die gottesdienstliche Versammlung. Wie sind sie in euren Gottesdiensten erkennbar?
2. Inwiefern treffen die Aussagen der Überschriften auf eure Gottesdienste und gemeindlichen Versammlungen zu?
3. Auf welche Art und Weise drückt eure Gemeinde Anbetung Gottes aus? Welche der im letzten Absatz des Abschnittes „Anbetung ist der eigentliche Grund unserer Gottesdienst“ (S. 97) aufgezählten Ausdrucksformen finden sich bei euch wieder? Wie könnten andere Formen und Begabungen zum Tragen kommen?
4. In welchem Rahmen gibt es in eurer Gemeinde Gelegenheit für Zeugnisse, Austausch und prophetisches Reden? Wie werden diese Zeiten gestaltet?
5. Wie fördert eure Gemeinde das Verständnis von Verantwortung füreinander? Wie wird vermittelt, dass alle Gemeindeglieder ihren Anteil am Dienst der Gemeinde haben?
6. Seht ihr in eurer Gemeinde die Gefahr, dass Aufgaben und die Ausübung von Diensten an wenigen einzelnen Gemeindegliedern hängen bleiben? Und was könnt ihr konkret tun, um dieser Gefahr zu begegnen?

Als eine in aller Welt verstreute Gemeinschaft, angeführt durch Jesus Christus, wollen wir durch seine Gnade heilen, was durch unsere Sünde zerbrochen ist:

Als weltweite Gemeinschaft von Menschen, die Glauben und Leben teilen, wollen wir jegliche Trennung durch Nationalität, ethnischen Hintergrund, Klasse, Geschlecht und Sprache aufheben. Wir wollen in dieser Welt leben, ohne uns von den Mächten des Bösen bestimmen zu lassen. Wir bezeugen Gottes Gnade, indem wir anderen dienen, Sorge für die Schöpfung tragen und alle Menschen dazu einladen, Jesus Christus als Heiland und Herrn kennen zu lernen.

7. Wir sind eine weltweite Familie

Durch die Dynamik des Reiches Gottes ist aus kleinen Anfängen eine weltumspannende Familie geworden

Bei der Sache Christi geht es darum, die ganze Welt zu durchdringen. Das ist auch der Grund, weshalb christliche Mission Grenzen überschreiten muss. Der Urgemeinde fiel es recht schwer zu begreifen, dass die Sache Jesu die ganze Menschheit angeht. Um die Jünger zu überzeugen, fiel der Heilige Geist sichtbar auf Leute außerhalb ihrer Kultur- und Religionsgemeinschaft, auf die Samariter (Philippus), die Heiden (Kornelius) und auch auf die Treuen des alten Bundes, zum Beispiel auf die Jünger Johannes des Täufers (Apostelgeschichte 18,25).

Das Wesen der christlichen Mission besteht darin, Barrieren zu überwinden. Christus war der erste Missionar, als er den Himmel verließ und sich in die Kultur Galiläas hinein begab. Paulus behauptet, dass Christus kam, um trennende Mauern niederzureißen und Feindseligkeiten zu beenden (Epheser 2,14). Und bis auf den heutigen Tag ist die Gemeinde berufen, eine weltweite Bewegung zu sein, die Grenzen verschiedener Art überschreitet und so den Auftrag Christi nachahmt und fortführt.

Es gibt die weltweite Kirche Christi, deren Leib durch viele Zellen gebildet wird. Dabei dürfen wir nicht vergessen, dass nicht *wir* Eigentümer irgendeiner Kirche sind, nicht einmal unserer Ortsgemeinde: Christus ruft uns in *seine* Gemeinde. Es ist die Gemeinschaft des Vaters, Sohnes und Heiligen Geistes, an der wir teilhaben, wenn wir Teil der Gemeinde Christi sind. Dennoch, die Ortsgemeinden, die Denominationen, die nationalen Kirchen und regionalen Verbände sind wichtig und haben ihre Daseinsberechtigung.

Wo die nötige Bescheidenheit und Demut nicht vergessen werden, können wir durch Gemeinschaft und Austausch unter den verschiedenen Denominationen viel lernen. Jede der Kirchentraditionen besitzt Schönheit und Reichtum, die sie den anderen zugänglich machen sollte. Und es muss auch deutlich gesagt werden, dass man ohne aktive Beteiligung in einer Ortsgemeinde nicht zur weltweiten Kirche Christi gehören kann.

Ortsgemeinden sind der Ort, wo das Leben des Leibes Christi seinen sichtbaren Ausdruck findet. Wir können sie vergleichen mit einzelnen Zellen, die einen Körper bilden. Natürlich sind die verschiedenen Zellen eines Organismus sehr unterschiedlich in ihrer Art und Erscheinungsform. Aber sie alle tragen denselben genetischen Code, die DNA, durch die ihre Zugehörigkeit zu einem ganz bestimmten Körper identifiziert werden kann. Und hier müssen wir die Lösung suchen für die traurigen Konflikte, die es unter Kirchen und Denominationen gegeben hat und immer noch gibt.

In einem gesunden Organismus bekämpfen sich die Zellen untereinander nicht, nur im Krankheitsfall. Aufgrund des gemeinsamen genetischen Codes kann ein Organismus mit einem hohen Maß an Harmonie und Koordination funktionieren. Deshalb ist es wichtig, Kenntnis und Bewusstsein unseres gemeinsamen christlichen „Codes" zu stärken. Denn er verbindet uns zu einem einzigen weltweiten Organismus des Leibes Christi.

Christliche Gemeinschaft überwindet nationale Grenzen

Inwiefern ist die Zugehörigkeit zu Nationalitäten wichtig für die Gemeinschaft der Christen? In der Bibel wird uns darüber wenig berichtet. Aber in der kirchlichen Praxis der Gegenwart spielt die Nationalität eine relativ starke Rolle: Unser Personalausweis bescheinigt Landeszugehörigkeit; unsere Rechte und Pflichten werden durch nationale Gesetze geordnet; unsere bürgerliche, kulturelle und emotionale Identität ist stark von unserer nationalen Zugehörigkeit und von Patriotismus beeinflusst. Meist schließen sich unsere Ortsgemeinden zu einer „Landeskonferenz" zusammen. Und sogar unsere Theologien tendieren dahin, nach Ländern und Kontinenten bezeichnet zu werden: Lateinamerikanische Theologie, Deutsche Theologie, Nordamerikanische Theologie, Theologie Roms. Leicht kann es geschehen, dass unsere Beziehung zu anderen Nationen gekennzeichnet wird durch die Kategorien „befreundete

Länder", „Länder, mit denen man keine Abkommen hat" bis hin zu „feindlichen Nationen".

Der christliche Glaube beansprucht, dass christliche Identität stärker ist als nationale Identität. Ist das erreichbar? Sehen wir in die Kirchengeschichte, müssen wir zugeben, dass wir in diesem Bereich wohl mehr Versagen als Erfolge zu verbuchen haben. Als das deutsche Volk sich rassenmäßig überlegen fühlte, ging ein tiefer Schmerz durch die weltweite mennonitische Gemeinschaft. Blutsbande und fanatischer Nationalismus waren stärker geworden als die neue Volkszugehörigkeit in Christus. Gerade in solchen Situationen können kontinentale und weltweite Verbände Hilfe leisten. Das geschah nach dem Zweiten Weltkrieg bei der Versammlung der Mennonitischen Weltkonferenz in Basel 1952.

Wir können unseren Nationalismus nicht überwinden, wenn wir keine Gemeinschaft mit Jesusnachfolgern aus anderen Ländern und Nationalitäten pflegen. Wir können uns nicht gegenseitig ermutigen und korrigieren, wenn wir die Kämpfe und Freuden nicht kennen, die Gottes Familie außerhalb unseres eigenen Landes lebt. Wir können nicht Vermittler in internationalen Konflikten sein, wenn wir nicht die Geschichte, die Perspektiven und die Bedürfnisse anderer Länder kennen.

In den 1990er Jahren lieferten sich die afrikanischen Stämme der Hutu und Tutsi, auf beiden Seiten viele evangelische Christen, einen ethnischen Ausrottungskrieg. Dalton Reimer, ein mennonitischer Friedensforscher, sagte mir einmal: „Es ist wichtiger geworden, zum Stamm der Hutu oder Tutsi als zum Stamm Jesu zu gehören."

Die Kirche Jesu Christi bildet aber eine „neue Nation", die anders ist als alles andere. Sie lebt in allen Nationen und kommt aus allen Nationen. Die Apostel hatten keine Hemmungen, die Gemeinschaft der Jünger als „heilige Nation" zu bezeichnen (1. Petrus 2,9). Und sie sagten, woher unsere politische Identität kommt: *Unsere Bürgerschaft ist im Himmel, von woher wir auch unseren Retter erwarten, den Herrn Jesus Christus* (Philipper 3,20).

Das ist der Grund, warum die Kirche, auch keine Ortsgemeinde, ihre nationalen Interessen über die Interessen des Reiches Gottes stellen darf. Deshalb sollten Ortsgemeinden große Anstrengungen unternehmen, um Absonderung zu überwinden und geschwisterliche Verbindungen zu Ortsgemeinden anderer Länder zu knüpfen. Der Missionsbefehl, den wir vom Herrn empfangen haben, muss eine Bewegung sein *aus* allen Nationen *in* alle Nationen. Darum sollten auch bei internationalen und interethnischen Konflikten kirchliche Friedenskommissionen gebildet werden, an denen Christen aller Konfliktparteien beteiligt sind.

Christliche Gemeinschaft lässt sich nicht einengen durch Rasse, Volkszugehörigkeit und Sprache

Die verschiedenen kulturellen und volkstümlichen Traditionen spiegeln etwas von der Vielfalt wider, die Gottes Schöpfung kennzeichnet. Und wie der Rest der Schöpfung und der Menschheit weisen auch sie Licht- und Schattenseiten auf. Sie spiegeln die Gottesebenbildlichkeit genauso wieder wie das Versklavtsein unter die Sünde. Christus will ethnische Identität erneuern, reinigen und stärken. Das Evangelium verpflichtet niemanden dazu, seine Sprache, seine kulturelle und ethnische Identität aufzugeben. Das sind Dinge, die es wert sind, gepflegt und erhalten zu werden. Aber das Evangelium hilft uns, im Licht Jesu selbstkritisch damit umzugehen. Das trifft besonders zu, wenn es um die Geschichtsschreibung und -interpretation unseres Landes wie unserer Volksgruppe geht.

Heute unterscheidet man die Menschheit nicht mehr nach Rasse und Hautfarbe. Biologische und genetische Theorien haben in der Vergangenheit viel Schaden angerichtet und viele davon sind wissenschaftlich unseriös. Die Bibel erzählt uns, dass die ganze Menschheit miteinander verbunden ist durch ihren gemeinsamen Ursprung und ihre Würde. Alle leiten ihre Herkunft von einer Familie ab und entspringen der Hand des Schöpfers, der ihnen auch den Lebensatem eingehaucht hat. Deshalb ist die Kirche entschlossen, sich von jedem Rassenvorurteil zu befreien. Sie wird die jeweilige kulturelle und ethnische Identität stützen, aber jegliche „Blutstheorie“ ablehnen. Denn sie weiß, dass es das Blut Jesu Christi ist, das uns in den Augen des himmlischen Vaters und in der Glaubensgemeinschaft gleichstellt.

Die Vielfalt und die Verwirrung der Sprachen hat nach dem biblischen Bericht ihren Anfang in einem historischen Moment, als die Menschheit sich selbst eine Einheit schaffen wollte mit dem Ziel, sich über Gott zu stellen (1. Mose 11,9). Diese babylonische Verwirrung begann sich umzukehren, als Gott seinen Geist ausgoss. Da sagten Juden wie Nichtjuden: *Wir hören sie in unseren Sprachen Gottes große Taten rühmen* (Apostelgeschichte 2,11).

Es gab Zeiten, in denen einige mennonitische Kirchen in verschiedenen Ländern sehr starr und ausschließlich an der deutschen Sprache festhielten. Das hat sich in den letzten 50 Jahren drastisch geändert. Jede der vielen Sprachen hat ihre eigene Schönheit und reiche Ausdrucksweise. Sie alle sind wertvoll und können vom Heiligen Geist gebraucht werden. Deshalb empfiehlt es sich für Christen, Sprachen zu lernen, denn mangelnde Sprachkenntnisse behindern die Kommunikation. Das Interesse für die Sprachen anderer Mitglieder der Glaubensfamilie fördert die Geschwisterlichkeit, die Kommunikation und die Einheit des Leibes Christi.

Klassenzugehörigkeit oder Geschlecht spielen in der christlichen Gemeinschaft keine Rolle

Gott hat uns unterschiedlich erschaffen. Obwohl die Menschheit als Ganzes eine Einheit bildet, ist doch jeder Einzelne in seiner Individualität etwas Besonderes. Deshalb ist eine formale und totale Gleichheit weder möglich noch wünschenswert. Es ist im Gegenteil so, dass Christus es dem Einzelnen in der Gemeinschaft der Gläubigen ermöglicht, das eigene Wachstums-, Selbstverwirklichungs- und Dienstpotential zu entwickeln. Wie in einem reich bestellten Garten gibt Christus jedem Gaben, ohne allen dieselben zu geben. Dennoch sind alle Gaben wichtig und unverzichtbar für den Körper, um ihn als ganzes gesund zu erhalten. Das gilt für natürliche Gaben wie auch für die Geistesgaben.

Die biologischen und emotionalen Unterschiede zwischen Frau und Mann haben ihren Ursprung im Entwurf des Schöpfers selbst. Sie wurden dazu bestimmt, einander zu ergänzen und zusammenzuarbeiten. Das erfordert gegenseitige Unterordnung (Epheser 5,21). Aber auch hier gilt es, kritisch und sensibel die sozialen und kulturellen Rollen zu überprüfen, die jede Kultur und Tradition dem einen und der anderen zuweist. Wie in allen Fällen, so wird auch in Genderfragen und Rollenzuweisungen das Evangelium eine erneuernde und reinigende Funktion erfüllen. Dadurch werden die Würde, die Beteiligung, der Wert sowie die Gleichheit von Männern und Frauen gestärkt. Es gilt, die diesbezüglichen biblischen Gebräuche und Anordnungen wie auch ihren kulturellen und historischen Kontext ernst zu nehmen. So ist Einheit in Christus möglich, in der auch die schöpfungsgemäßen Unterschiede geachtet werden: *Ihr gehört zu Christus, weil ihr auf seinen Namen getauft seid. Jetzt ist es nicht mehr wichtig, ob ihr Juden oder Griechen, Sklaven oder Freie, Männer oder Frauen seid: In Christus seid ihr alle eins* (Galater 3,27–28).

Dieses gilt auch für die verschiedenen Gruppen, Schichten und sozialen Klassen. Der große Menschheitswunsch nach Gleichheit, wie sie die Französische und Bolschewistische Revolution, aber auch die vielen Unabhängigkeitsbewegungen suchten, wird auf dem politischen Weg nur teilweise erreicht. Die Gemeinschaft der Gläubigen steht entschieden hinter der Idee der „Rechtsstaatlichkeit". Gott selbst hat in seiner Gesetzgebung für das Volk Israel Gleichheit vor dem Gesetz und im Gericht gefordert.

Die Klassen- und Statusunterschiede haben mehrere Ursachen: die unterschiedlichen Begabungen der einzelnen Familien- und Kulturtraditionen, die Ungerechtigkeit der Wirtschaftssysteme, Machtmissbrauch und nachlässige Rechtsprechung – all das hat dazu beigetragen, dass die Mehrheit der Gesellschaften recht rücksichtslos nach Klassen strukturiert sind. Jesus sagt seinen Jüngern mit aller Deutlichkeit, dass die Kirche dieses Modell nicht nachahmen darf: *Aber gerade so darf es bei euch nicht sein. Wer groß sein will, der soll den andern dienen, und wer der Erste sein will, der soll sich allen unterordnen* (Matthäus 20,26–27).

Die Feier der Taufe verdeutlicht mit großer Klarheit, dass es in der Gemeinde nur eine soziale Klasse gibt: die der Sünder, die Vergebung und Erneuerung erfahren. Und das Abendmahl lehrt uns, dass wir nur nahe bei Jesus sein können, wenn wir gemeinsam am selben Tisch sitzen.

Inmitten der Welt widerstehen wir den Mächten des Bösen

Wenn die Gemeinde abgesondert von der Welt leben will, dringt die Welt sehr bald in die Gemeinde ein. Deshalb ist es so, dass die Gemeinde einem Herrn folgt, der diese Welt zwar liebt, dessen Leben und Gesinnung aber in völligem Widerspruch zu ihr steht. Die Kirche ist dazu berufen, Alternativkraft zu den Kräften dieser Welt zu sein. „Der Kaiser erhält Konkurrenz" – so überschreibt Bernhard Ott ein Kapitel seines lesenswerten Buches *Schalom – Das Projekt Gottes* (Buch des Jahres 2004 der Mennonitischen Weltkonferenz). Ott erzählt in meisterhafter und verständlicher Weise, wie Gott sein Friedensprojekt inmitten dieser Welt vorantreibt (*Schalom – Das Projekt Gottes,* S. 109–129). Er veranschaulicht, wie die Gemeinde inmitten der alten Zeiten schon die neue Zeit des Reiches Gottes lebt.

Wesentlich ist, dass die Gemeinde ein gesundes Gleichgewicht behält: Die Kirche kann und darf sich nicht aus der Welt zurückziehen, denn sie ist in die Welt gesandt. Die Kirche kann und darf sich aber auch nicht mit den Mächten des Bösen arrangieren, denn Christus hat über sie triumphiert und fordert uns auf, Böses durch Gutes zu überwinden.

Wir müssen bekennen, dass wir uns als Gemeinde oft von der Welt und ihren Nöten distanziert haben, um sie ihrem eigenen Lauf zu überlassen. Ricardo Esquivia sagte mir einmal: „Am Schwierigsten ist es, die Wände unseres Kirchengebäudes zu durchbrechen." Es ist unsere Aufgabe, völlig im Diesseits zu leben, auch wenn unsere Orientierung und unsere bedingungslose Loyalität aus dem Jenseits kommen.

Wenn sich die Kirche der Welt anpasst, verliert sie ihre verändernde Kraft. Was ist Welt? Wo ist Welt? Theologisch gesprochen ist Welt all jene menschliche Wirklichkeit, die nicht bereit ist, die

Herrschaft Christi anzuerkennen, und sich auch nicht für die neuen Zeiten des Reiches Gottes und seiner Gerechtigkeit interessiert.

Die Kirche ist immer versucht, sich der Welt gleichzustellen: unsere Leitungsmodelle und die Art, wie Macht ausgeübt wird; unsere Prioritäten im Umgang mit Zeit, Ressourcen und sozialen Beziehungen; unsere Werteskala – all das neigt dazu, von der Welt geprägt zu werden, die noch nicht die Erlösung in Christus lebt. Jesus sagt sehr anschaulich, dass seine Jünger sich von der Welt unterscheiden, wie das Salz sich von seinem Umfeld unterscheidet. Aber so wie das Salz nutzlos ist, wenn es seine Kraft verliert, *so seid auch ihr nutzlos und man wird über euch hinweggehen, wenn ihr eure Aufgabe in der Welt nicht erfüllt* (Matthäus 5,13).

Diese Welt braucht Bekehrung und Veränderung. Nicht nur die Kirche, sondern auch viele Intellektuelle und Führungskräfte sind überzeugt, dass tief greifende Veränderungen im Wesen des Menschen notwendig sind. Das großartige Bild, das der Prophet Micha schildert, indem Schwerter zu Pflugscharen umgeschmiedet werden, wurde als Skulptur vor dem Hauptsitz der Vereinten Nationen in New York aufgestellt. Manchmal haben täuferisch-mennonitische Gemeinden gemeinsame Sache gemacht mit Friedensorganisationen, die das Ziel verfolgen, von dem der Prophet spricht. Menno Simons lehrte, dass die Gemeinde bereits der Ort ist, wo Kriegswaffen zu Friedensinstrumenten umgewandelt werden. Dieses Sehnen nach Frieden teilen viele Menschen, die noch nicht Teil der Glaubensgemeinschaft sind.

Die österreichische Gräfin Bertha von Suttner (1843–1914), berührt von der Michaprophetie, veröffentlichte 1889 ihren Roman *Die Waffen nieder!* Ähnlich wie auch das 1852 in den Vereinigten Staaten erschienene Buch *Onkel Toms Hütte* der Pazifistin Harriet Beecher-Stowe zu einem politischen Klima gegen die Sklaverei beitrug, inspirierte das Buch von Bertha von Suttner die europäischen Friedensbewegungen. Gemeinsam mit ihrem wohlhabenden Freund, dem Erfinder Alfred Nobel, verwandte Bertha von Suttner den Rest ihres Lebens dafür, den Frieden zu fördern in einer Zeit, als die Welt sich für den Krieg vorbereitete. Das führte Nobel schließlich dazu, den berühmten Friedensnobelpreis zu stiften, den die Gräfin 1905 als erste Frau erhielt.

Als Nachfolger Jesu glauben wir, dass noch tief greifendere Veränderungen möglich sind als jene, die durch Friedenspreise gefördert werden. Wenn Menno Simons von den „Kindern Gottes" spricht, die schon Schwerter in Pflugscharen verwandeln, spricht er von Menschen, die sich bedingungslos mit Jesus identifizieren. John Driver, ein geschätzter Bibellehrer in lateinamerikanischen mennonitischen Gemeinden, nennt die Gemeinde in ihrer Beziehung zur Welt eine „christliche Kontrabewegung".

Die Mehrheit der christlichen Theologen ist überzeugt, dass Christus menschliche Kulturen zum Guten verändern will. Und das geschieht nur durch die sichtbare Gemeinde seiner Nachfolger. Geistliche, ethische und soziale Veränderung lebt und erkennt man in konkreter menschlicher Gemeinschaft. Christus ist in der Gemeinde zu finden. Und Christus bringt durch seine Gemeinde Veränderung in die Welt.

Diese von Gott abgefallene Welt braucht „Dialyse". Wie muss man sich die Beziehung des christlichen Evangeliums zu den menschlichen Kulturen vorstellen? Dies ist eine wichtige Frage, nicht nur für das Zeugnis der Gemeinde in der Welt, sondern auch für transkulturelle Missionsdienste. Wo das Evangelium nicht die Kultur vor Ort ernst nimmt, wird es etwas Fremdes, Oberflächliches oder Unbedeutendes. Aber wenn das Evangelium sich völlig mit einer Kultur identifiziert, ohne sie zu hinterfragen oder zu erneuern, bleibt alles beim Alten und es wird ebenfalls unbedeutend.

Deshalb empfehle ich das „Dialysemodell" in der Frage des Verhältnisses zwischen Evangelium und Kultur, zwischen Bibel und sozialem Kontext. Dialyse ist das, was die menschliche Niere mit unserem Blut macht: Sie entfernt giftige und zerstörende Substanzen. Und gemeinsam mit der Lunge wird das Blut mit Sauerstoff und Nährstoffen versorgt. Kultur ist wie Blut, das dem ganzen Körper der Gesellschaft Leben gibt. Und das in der Bibel offenbarte Evangelium wirkt wie eine Niere. Das ist es, was Christus und sein

Evangelium – gelebt von seiner Gemeinde – in den Kulturen innerhalb und außerhalb der Kirche tun will.

Inmitten der Welt bezeugen wir die verändernde Kraft der Gnade Gottes

Viele Menschen, die für Veränderung kämpfen, enden in großer Frustration. Und auch viele, die ihnen glauben und folgen, werden enttäuscht. Aber seit Gottes Gnade in unser Leben hineingekommen ist, wissen wir, dass Veränderungen möglich sind. Der christliche Glaube sucht die Mittel zur Veränderung außerhalb der menschlichen Realität. Jesus lädt in besonderer Weise die Frustrierten und Müden zu seinem Gnadenangebot ein. Hier finden sie die ersehnte Entlastung. Das christliche Zeugnis ist nur authentisch und echt, wo die Aufmerksamkeit auf Gott und seine Gnade gerichtet wird.

Der neue Gnadenbund überragt den alten Gesetzesbund. Obwohl die Gemeinde Jesu Christi ganz eng mit dem Glauben Abrahams verbunden ist und sich dem Bund Gottes mit Israel verpflichtet weiß, berichtet uns das Neue Testament, dass der alte Bund in schlimmer Weise missverstanden werden kann. Das geschieht, wenn Menschen dem Gesetz folgen und gute Werke tun, um sich die Gerechtigkeit zu verdienen, anstatt Gottes Gnade anzunehmen und zu ehren.

Jesus und die Apostel schlussfolgerten aus den prophetischen Worten des Alten Testaments, dass sich zu ihrer Zeit die Vorhersage eines neuen Gnadenbundes erfüllte. In seiner großen Barmherzigkeit erwies Gott seine Gnade, indem er seine Weisungen in die Köpfe und Herzen der Menschen mitteilte und ihrer Sünden nicht mehr gedachte (Hebräer 8,10–12). Paulus schreibt diese besondere neue Kraft dem Heiligen Geist zu: *Jetzt können wir den Willen Gottes tun, wie es das Gesetz schon immer von uns verlangt hat; denn jetzt bestimmt Gottes Geist und nicht mehr die sündige, menschliche Natur unser Leben* (Römer 8,4).

Die Gnade ist ein Werk Gottes. Wir können sie nur bezeugen und uns von ihr gebrauchen lassen. Und Gottes Gnade ist der Grund, weshalb wir Hoffnung haben.

Denn Gottes Gnade ist nicht das, was wir selbst produzieren könnten oder müssten, sondern das, wozu wir unfähig sind. Die Bibel ist noch radikaler: Je schwächer und unnützer wir uns fühlen, desto mehr kann Gottes Gnade in unserem Leben wirken. Das ist ein großer Trost für den diakonischen wie evangelistischen Dienst. Keine Situation kann so miserabel sein, dass Gottes Gnade nicht Veränderung schaffen könnte. Keine menschliche Sünde ist so groß, dass Gottes Gnade sie nicht vergeben könnte. Kein menschlicher Notstand ist so hoffnungslos, dass Gottes Gnade nicht eingreifen könnte. Kein menschliches Versagen ist so schrecklich, dass Gottes Gnade nicht heilen könnte.

Weil Gott Liebe ist, wollen wir dem Nächsten dienen

Gott verleiht der menschlichen Arbeit Würde. Nein, Arbeit ist kein Fluch. Arbeit selbst hat auch nichts mit Adams Sünde zu tun. Denn Arbeit gab es schon vor dem Sündenfall.

Gott selbst ist freudig und engagiert am Werk. Tag und Nacht wacht er über seine Schöpfung und über der Wiederherstellung der gefallenen Menschheit. So muss auch menschliche Arbeit gewürdigt werden im Blick auf die Arbeit Gottes. Menschliche Arbeit ist in gewisser Weise Liebesdienst am Nächsten. Denn notwendige Güter werden geschaffen, um anderen Leben und Freude zu ermöglichen. Und Arbeit, die man nicht aus der Perspektive des Dienstes an der Menschheit tun kann, Arbeit, die im Dienste einer Kultur des Todes steht, ist es nicht wert, beachtet und getan zu werden.

Ein Leben des Dienstes bringt Befriedigung. Wir sind darauf angelegt, dass wir in unserem Leben Sinn sehen wollen. Ohne Sinn ist das Leben oberflächlich und verzweifelt. Menschen, die ihr Leben im Dienst für den Nächsten investieren, bezeugen, dass sie große Zufriedenheit erleben. Man dient Christus, indem man dem Nächsten dient. Und eine Kultur des Dienens brauchen wir, um so auf viele und dringliche menschliche Bedürfnisse zu reagieren: den Mangel an Gesundheitsfürsorge, Ausbildung, Lebensmitteln und Familie, materielle und geistliche Armut, den Wunsch nach Gemeinschaft, Trost und Glück.

Ein Leben des Dienens besitzt Veränderungskraft. „El que no sirve, no sirve“ – Wer nicht dient, der dient zu nichts, pflegte Rudolf Duerksen, Leiter des mennonitischen Christlichen Dienstes in Paraguay, zu sagen. Die Erfahrung vieler junger Menschen, auch meiner eigenen Kinder, bestätigt: Die Zeit des Dienens verändert einen selbst. Mit den Armen und Obdachlosen gelebt zu haben, sich ihrer Alltagsrealität auszusetzen, das hinterlässt einen tiefen Eindruck in denen, die bereit sind, zu dienen. Die internationalen mennonitischen Freiwilligendienste wie International Volunteer Exchange Program, Pax, Intermenno, YAMEN! und Christliche Dienste bestätigen zwei Wahrheiten: Der Dienst bringt Segen für bedürftige Menschen, und der Dienst verändert die zum Guten, die dienen.

Weil wir Hoffnung haben, setzen wir uns ein für die Bewahrung der Schöpfung

Die Schöpfung Gottes ist nicht für den Untergang bestimmt. Dennoch behandeln viele Leute, einschließlich Christen, sie oft in dieser Weise durch unverantwortliche Rodung, Ausbeutung des Bodens, Luftverschmutzung, Schädigung des ökologischen Gleichgewichts, Nachlässigkeit bei der Müllentsorgung. All das ist ein Angriff auf die Schöpfung, die Gott uns zur Pflege übergeben hat.

Lange Zeit hatten wir nicht einmal eine Theologie, um die Bewahrung der Schöpfung zu begründen. Schlimmer noch: Es gab Leute, die predigten, dass diese Erde sowieso der Zerstörung entgegengehe. Ich kann das so nicht in der Bibel entdecken. Auch wenn es prophetische Worte über große zukünftige Naturkatastrophen gibt, wird Gott seinen Bund mit Noah halten und das Leben auf der Erde nicht auslöschen. Erinnern wir uns an den Regenbogen, das Zeichen dieses Bundes? Das Buch der Offenbarung schildert uns eher, dass Gott diese Erde erneuern will, um sie eines Tages in der neuen Schöpfung mit dem Himmel zu vereinigen (Offenbarung 21,1–3). Wie das geschehen wird, bleibt ein Mysterium.

Christliche Spiritualität wird allerdings vermeiden, die Schöpfung statt den Schöpfer zu verehren (Römer 1,25). Diesen Fehler begeht der Pantheismus und wohl auch der „Mutter-Erde-Kult“.

Wir können Gott aber ehren, indem wir die Schöpfung in Ehren halten, denn sie offenbart etwas von der Weisheit, der Macht und Majestät Gottes. Das besingen viele Psalmen und das behauptet auch der Apostel Paulus in Römer 1,20.

Die Nutzung der Schöpfung empfangen wir als Leihgabe von unseren Kindern und Enkeln. Eine verantwortliche christliche Ethik wird immer an die kommenden Generationen denken. Wir wissen nicht, wann Christus wiederkehrt, noch wann der Tag des Endgerichts da sein wird. Wir sollen bereit sein, der Ewigkeit in jedem Augenblick zu begegnen. Aber diese Tatsache darf niemals zum Vorwand werden, die Schöpfung auszubeuten. Im Blick auf unsere Kinder und Enkel müssen wir heute die Verantwortung für die künftige Sozialethik und globale Politik sowie die Zukunft der Ökologie übernehmen. So hat es schon der Psalmist vorgeschlagen: *Groß ist der Herr, jeder soll ihn rühmen, seine Größe kann niemand erfassen. Eine Generation soll der anderen von deinen großen Taten erzählen und schildern, wie machtvoll du eingegriffen hast* (Psalm 145,3–4).

Unser Glaube ermutigt uns, Menschen einzuladen, Christen zu werden

Die Einladung der Guten Nachricht geht von Christus selbst aus. Es ist keine Frage: Echter christlicher Glaube ist ansteckend und soll ansteckend sein. Das war in Zeiten der Erweckung so, als viele Gemeinden, wie auch die täuferische Bewegung, entstanden oder erneuert wurden. Und es war erst recht in den Zeiten der Apostel so. Die Sache Christi verbreitete sich wie ein Feuer. Jesus wollte es so.

Wir irren uns aber, wenn wir meinen, selbst Menschen bekehren zu können. Wir können uns nicht einmal selbst bekehren. Der Ruf zur Bekehrung, der Ruf, ihn kennen zu lernen, geht von Christus selbst aus. Er ruft uns in seine Gemeinschaft; er lädt uns in seine Gemeinde ein. Wir Menschen sind fähig, zu antworten und Verantwortung für unsere Entscheidungen zu übernehmen. Und wir können, wie Johannes der Täufer, Menschen zu Christus führen und auf ihn hinweisen. Mit Johannes werden wir uns dann freuen, wenn sie nicht uns folgen, sondern dem guten Meister selbst. Aber es wird unser Anliegen sein, wie das auch bei Paulus der Fall war, ein Beispiel christlicher Jüngerschaft zu geben, um sagen zu können: *Folgt meinem Beispiel, so wie ich Christus folge* (1. Korinther 11,1).

Christus lädt uns ein, ihn durch seine Gemeinde kennen zu lernen. Es ist immer faszinierend, zu hören, wie Menschen Christus kennen lernten. Zumeist war irgendein Christ daran beteiligt. Gewöhnlich sind es viele verschiedene Personen, die mit dazu beitragen, dass jemand Christus begegnet. Die Erfahrung, Christus kennen zu lernen, ist von Person zu Person unterschiedlich. Für viele war es ein historischer Moment in ihrer Lebensgeschichte, als sie eine Entscheidung für Jesus trafen, ihre Sünden bekannten, ein Gebet der Übergabe sprachen und Christus fortan als Herrn und Retter bekannten – um von diesem Augenblick an eine Gewissheit des Heils zu empfinden. Für andere ist diese Erfahrung ein längerer Prozess. Er kann begonnen haben mit der biblischen Unterweisung in einem christlichen Zuhause, mit Gemeindeerfahrung in der Kindheit. Und dann hat es oft Krisen gegeben, die schlussendlich doch zu einer klaren und verbindlichen Entscheidung führten.

Die Art und Weise und der Augenblick der Bekehrung und des neuen Lebens sind weniger wichtig als das Resultat. Es ist nicht entscheidend, zu wissen, wo und wann man geboren ist; wichtig ist, *dass* man geboren ist und lebt. Die Folge authentischer Christusbegegnung und Christuskenntnis ist ein neues Leben in Gnade und Vergebung, in dem man sich zu ihm als Erlöser bekennt und ihm als Herrn im Leben nachfolgt. Wenn wir zurückblicken, müssen wir zugeben, dass es uns unmöglich gewesen wäre, Christus ohne seine Gemeinde kennen zu lernen. Denn alles, was wir von ihm wissen, wissen wir durch seine Gemeinde. Und alle, die uns halfen, ihn zu finden, gehörten zu seiner Gemeinde.

Glaubenserfahrung hat eine individuelle und eine gemeinschaftliche Dimension. Wie schwer fällt es uns doch immer wieder, das Gleichgewicht zwischen diesen beiden Polen zu halten. Christus zu kennen, beinhaltet immer beide Dimensionen. Man kann nicht öffentlich ein aktives Glied der Gemeindefamilie sein, wenn man keine persönlichen Glaubenserfahrungen gemacht hat. Und es ist nutzlos, ein individualistisches geistliches Leben zu führen, wenn es nicht auch Ausdruck findet in zwischenmenschlichen Beziehungen innerhalb und außerhalb der Gemeinde.

Das Bild vom Körper und seinen Zellen trifft auch auf Bekehrung und Spiritualität zu. Das Leben und die Genetik der einzelnen Zelle stimmen mit dem Leben und der Genetik des ganzen Körpers überein. Gesunde Zellen beleben den ganzen Körper. Ein gesunder Körper stärkt die einzelnen Zellen. Das ist der Grund, weshalb Evangelisation und christliche Mission sich nicht nur an Einzelpersonen wenden, sondern darauf bedacht sind, Gemeinden zu gründen, die ihrerseits wieder einen ganzheitlichen Auftrag in ihrem Umfeld wahrnehmen.

Miteinander ins Gespräch kommen

1. Welche Mauern überwindet eure Gemeinde in ihren verschiedenen Diensten? Welche Grenzen überschreitet euer Gemeindeverband? Inwiefern haben euch diese Aktivitäten bereichert?
2. Wie ebnen Taufe und Abendmahl soziale Unterschiede ein? Wie und wo ist das für euch erfahrbar?
3. Was denkt ihr über die Aussage: „Wenn die Gemeinde abgesondert von der Welt leben will, dringt die Welt sehr bald in die Gemeinde ein"?
4. Wie kann es der Gemeinde gelingen, sich weder von der Welt zu distanzieren noch sich ihr in unangemessener Weise anzupassen? Wo seht ihr Beispiele für das eine oder das andere?
5. Wo in der Geschichte oder Gegenwart seht ihr Anzeichen der gesellschaftsverändernden Kraft der Kirche?
6. Seht ihr konkrete Beispiele für den Vergleich vom gelebten Evangelium der Gemeinde als Dialysezentrum?
7. Erzählt von Erfahrungen der Gnade Gottes, die ihr in eurem Leben oder eurer Umgebung – als einzelne oder als Gemeinde – in letzter Zeit gemacht habt.

8. Inwiefern seht ihr eure eigene Arbeit als einen Dienst und Ausdruck der Liebe Gottes?
9. Wie versteht ihr die Verbindung von Hoffnung und einem bewahrenden Umgang mit der Schöpfung?
10. Stimmt ihr dem Autor zu, dass Glaubenserfahrung eine individuelle und eine gemeinschaftliche Dimension hat? Wie zeigt sich das für euch?

Der Weg unser täuferischen Vorfahren ermutigt uns, treu und überzeugt voranzugehen, bis Christus in Herrlichkeit wiederkehrt, um die Geschichte zu ihrem Ziel zu führen:

Unsere Überzeugungen sind geprägt durch unsere täuferischen Vorfahren des 16. Jahrhunderts, die uns eine radikale Nachfolge Jesu Christi beispielhaft vorlebten. In der Kraft des Heiligen Geistes wollen wir im Namen Jesu Christi unser Leben gestalten und vertrauensvoll auf die Wiederkunft Christi und die Vollendung des Reiches Gottes warten.

Die Vergangenheit ist wichtig

Wir sind dankbar für die „Wolke der Zeugen"

Anneken Jansz war eine junge holländische Witwe. Obwohl sie weder eine theologische Ausbildung noch eine Leitungsaufgabe in der Gemeinde besaß, wurde sie verhaftet, weil sie in einem öffentlichen Verkehrsmittel ein täuferisches geistliches Lied gesungen hatte. Im Kerker schrieb sie eine Art Testament für ihren Sohn, der kaum 15 Monate alt war. Darin ermutigt sie ihn, „in den Wegen Jesu zu wandeln und bereit zu sein, den bitteren Kelch zu trinken, den so viele Mitchristen der Glaubensgemeinschaft haben trinken müssen; durch die enge Pforte einzugehen und auf dem schmalen Weg zu bleiben, der Jesus Christus selbst ist; die Heilige Schrift zu erforschen und die Dunkelheit der Welt zu fliehen; Gott mehr zu fürchten als Menschen und Jesus vor den Menschen zu bekennen; Gott durch gute Werke zu ehren, damit das Licht des Evangeliums scheine; sich der Not leidenden Geschwister anzunehmen und immer ein Leben zu führen, das dem Evangelium entspricht, im Wissen, dass wir Bäume sind, gepflanzt von Gott im Neuen Jerusalem". Am 24. Januar 1539, dem Tag, an dem Anneken hingerichtet wurde, rettete ein gottesfürchtiger Bäcker ihr Söhnchen gemeinsam mit ihrem Brief. So ist dieses Vermächtnis für uns erhalten geblieben. Annekens Sohn wurde übrigens später Bürgermeister von Rotterdam, obwohl uns nicht berichtet wird, dass er dem Glauben seiner Mutter folgte (John S. Oyer und Robert S. Kreider, *Mirror of the Martyrs,* Good Books, Intercourse/PA 1990, S. 38–39).

Unsere täuferischen Vorfahren hatten den Mut, aufgrund ihres Bibellesens neue Wege einzuschlagen. C. Arnold Snyder fasst ihr theologisches Erbe in drei Kategorien zusammen (*Täuferische Saat – Weltweites Wachstum*):

- Bezüglich täuferischer Lehre drängten sie darauf, dass die Gemeinde Christi sichtbar sein muss; eine Gemeinde der Gläubigen, aus dem Geist geboren, mit Christus im Mittelpunkt. Jeder

Gläubige braucht Bibelkenntnis, um eigene Überzeugungen zu gewinnen und sie biblisch zu erklären und zu verteidigen. Die Kirche wird sichtbar, weil ihre Glieder Jünger sind, die ihrem Herrn und Meister Jesus Christus gehorsam folgen und erkennbar werden an der Umkehr, dem Wiedergeborensein und dem neuen Leben (S. 12–23).

- Bezüglich täuferischer Gemeindeordnung und Riten lehrten sie, dass die Taufe, die Gemeindedisziplin, das Mahl des Herrn und die Fußwaschung dazu dienten, die inhaltliche Bedeutung dieser Regeln sichtbar zu machen (S. 25–37).
- Bezüglich täuferischer Nachfolge im Glauben identifiziert Snyder drei herausragende ethische Aspekte einer „ganzheitlichen Spiritualität": Wahrhaftigkeit, wirtschaftliches Teilen, Gewaltfreiheit (S. 39–54).

Snyder überrascht mit der Behauptung, dass Christusnachfolge darin besteht, Gleichgewicht zu halten:

> *Ein einziger hat das Gleichgewicht bisher voll halten können – und er war der Sohn Gottes. Als Nachfolger und Nachfolgerinnen Jesu können und sollen wir auf die weltweite Gemeinschaft des Glaubens schauen ... Von pfingstlerischen und charismatischen Christen können wir lernen, dass Gehorsam gegenüber Regeln und Ordnungen der Kirche kein Ersatz ist für die Stärkung und Pflege eines vitalen Lebens im Geist ...*
>
> *Die Täufer waren darauf bedacht, das Gleichgewicht zu halten zwischen dem Heil als Geschenk Gottes und einem Leben in Gehorsam als Antwort auf Gottes Gnade. In einigen Fällen schwang das täuferische Pendel jedoch weit auf die Seite der „Werkgerechtigkeit" und überschätzte die Werke der Nachfolge. Zu solchen Zeiten war Martin Luthers Einsicht ein hilfreiches Korrektiv. Nachfolge und Gehorsam sind letztlich auch nichts anderes als Gaben der Gnade* (S. 58).

Das große Erbe der täuferischen Tradition, das auch heute noch Hochachtung verdient, ist die Suche nach einem ganzheitlichen Evangelium, das nicht zulassen wollte, dass *das Heil und geistliches Leben von einem Leben in Gehorsam und Nachfolge getrennt wurden. Beides gehört zusammen. Es ist die besondere Saat, Frucht und Ernte, die wir vom Herrn und unseren Vorfahren im Glauben ererbt haben* (S. 58).

So wie sie, wollen auch wir mit Jesus gehen

Jesus warnt vor der Gefahr, die *Gräber der Propheten und die Denkmäler der Gerechten zu schmücken,* ohne aber bereit zu sein, sich mit dem Weg zu identifizieren, den sie gegangen sind (Matthäus 23,29). Das gilt auch für uns in unserem Verhältnis zu den ersten Täufern. Unsere Glaubensvorfahren haben, wie andere Christen ihrer Zeit, auch viele Fehler begangen. Unsere Verantwortung ist es, diese Fehler zu erkennen, Wiedergutmachung zu suchen und sie nicht zu wiederholen. Teilweise ist dieser Prozess zur Heilung von Erinnerungen begonnen worden durch den katholisch-mennonitischen Dialog (1998–2003). Aber die Täuferbewegung hat uns auch eine Verpflichtung zu Treue und Tapferkeit hinterlassen. Dieses Erbe muss durch Taten geehrt werden.

Es wäre absurd, sich einem blinden und fanatischen Konfessionalismus und Denominationalismus hinzugeben. Wir folgen nicht den Täufern, wir folgen auch nicht Menno Simons – wir folgen Jesus Christus nach. Und das gilt auch für die anderen christlichen Denominationen. Weder Luther noch Calvin noch Zwingli oder irgendwelche anderen großen Theologen der Gemeinde Christi würden erwarten, dass wir ihre Nachfolger würden. Aber in dem Maß, wie sie Christus nachfolgten, haben sie uns Modelle, Zurechtweisung und Inspiration hinterlassen, die uns in unserer heutigen Christustreue sehr hilfreich sind.

Einige Kirchen unserer weltweiten Gemeinschaft leben zurzeit in sehr vergleichbaren Situationen wie die Täufer des 16. Jahrhunderts: Sie sind kleine Minderheiten, manchmal verfolgt, manchmal ausgegrenzt, manchmal verachtet. Für andere Gemeinden hat sich die soziale Lage völlig verändert: Sie leben in Rechtsstaatlichkeit, wo Religionsfreiheit garantiert wird, und sie erfreuen sich hohen Ansehens wegen ihrer Friedenshaltung, ihrer wirtschaftlichen Tüchtigkeit und akademischen Gründlichkeit. In einigen Ländern werden sie eingeladen, öffentliche und politische Verantwortung zu übernehmen.

Selten können wir das täuferische Vermächtnis direkt auf die gegenwärtige Situation anwenden. Aber die Täufer haben uns Paradigmen und theologische Prioritäten hinterlassen sowie ein Modell der Orthopraxis und der ganzheitlichen Spiritualität.

Gottes Reich wird bleiben

Wir sehen das Reich Gottes noch nicht vorherrschen. In seinem Buch *Schalom – Das Projekt Gottes* erinnert uns Bernhard Ott daran, was Paulus in Römer 8 sagt: Die neue Schöpfung Gottes befindet sich noch „in Geburtswehen". Das bedeutet für Ott zumindest ein Dreifaches:

- Das Neue hat begonnen, neues Leben ist empfangen worden und ist unterwegs. Dafür gibt es drei Garantien: Jesus ist der verheißene Messias, Jesus lebt und hat das Werk der Versöhnung der Menschheit vollendet, Jesus hat seinen Geist ausgegossen.
- Das Neue ist noch nicht vollendet. Weder die individuelle noch die gemeinschaftliche Erneuerung der Gläubigen geschieht augenblicklich und total. Es sind Prozesse, die immer wieder auch mit Schmerzen verbunden sind, wie bei jeder Geburt.
- Aber die Vollendung kommt – das Ziel ist in Sicht. Der Heilige Geist ist schon eine Vorahnung der hereinbrechenden kommenden Welt. Und wir leben in der Spannung einer Hoffnung, die zwar garantiert ist, die sich aber noch nicht vollends sichtbar erfüllt.

Ott weist darauf hin, dass Christen vielfach nicht fähig sind, ein Gleichgewicht in der Spannung dieser beiden Polaritäten herzustellen. Manchmal dominiert für sie die „alte Welt" so stark, dass die Wirklichkeit der Auferstehung und der Ankunft des Heiligen Geistes an Pfingsten vergessen wird. Sie leben, als ob das Reich Gottes noch nicht gekommen wäre.

Aber es gibt auch das andere Extrem. Es gibt Christen, die glauben, schon völlig am Ziel angekommen zu sein. Sie wollen augenblicklich hier und jetzt schon alles haben: Gesundheit, Wohlstand, völlige Befreiung von Sünde, das Paradies auf Erden. Früher oder später führt das zu bitteren Enttäuschungen. Sünde, Krankheit, und persönliche Begrenzungen existieren noch (S. 117–120). Sie sind das „vorletzte Wort". Wir wissen aber, dass Jesus und sein Reich das „letzte Wort" behalten werden.

Die Gemeinde Jesu Christi in der Kraft des Geistes wird auch weiter Schaufenster und Vorhut dieses Reiches sein. Nicht mehr, aber auch nicht weniger. Menno Simons wurde nicht müde, zu lehren, dass wir als Nachfolger Jesu Christi „Babel" verlassen haben und ins „Neue Jerusalem" eingetreten sind. Gott will der ganzen Welt den Anbruch seines Reiches sichtbar machen. Deshalb muss die Kirche die Gerechtigkeit dieses Reiches öffentlich und verständlich vorleben. Wie ein gutes Schaufenster einlädt, so muss die Gemeinde alle einladen, sich die Schätze und Reichtümer anzueignen, die Jesus gebracht hat. Aber die Nachfolger Christi haben auch zu streiten im „Kampf der Pazifisten" (Epheser 6,10–20). Ohne irrige Konzepte „geistlicher Kriegsführung" zu übernehmen, wissen sie, dass sie die Vorhut des Königs sind, gesandt wie *Schafe mitten unter die Wölfe* (Matthäus 10,16). Aber weil das Lamm Gottes die Welt überwunden hat, sind sie sicher, dass der Sieg des Lammes auch der Sieg der Kirche ist.

Unsere Freude wird vollkommen sein, wenn Christus wiederkehrt. Wir haben gesagt, dass die Gemeinde mehr von der Zukunft als von der Vergangenheit lebt. Die Wiederkunft Christi, in der er als Bräutigam seine Braut heimholt, ist die Hoffnung, die der Gemeinde große Lebenskraft vermittelt. Natürlich ist dies ein „Glaubensgegenstand", der der rational denkenden Vernunft eher „unvernünftig" erscheint. Außerdem sind es ja nun schon wirklich viele Generationen, die vor uns auf dieses Ereignis gewartet haben. Aber all diese Ungewissheiten können unseren Glauben nicht schwächen. Denn wir vertrauen auf die Aussagen Christi selbst, die ja an sich einleuchtend sind. Gott wird sein Versöhnungswerk nicht unvollendet lassen.

Die letzte Vision in der Offenbarung (21–22) zeigt uns einen neuen Himmel und eine neue Erde und das herunterkommende neue Jerusalem. Gott will das neu machen, was wir kennen (Erde). Und er lädt uns ein, daran teilzuhaben, was wir noch nicht kennen (Himmel).

Gott will nicht hinnehmen, dass menschliche Ungerechtigkeit auf ewige Zeiten toleriert wird. Jesus wird seine Jünger nicht enttäuschen, die treu danach trachten, ihre empfangenen Talente zu vermehren, um bei seiner Wiederkunft eine positive Bilanz vorlegen zu können.

Die Wiederkunft Christi wird für seine Gemeinde von unbeschreiblicher Freude sein. Die Wiederkunft Christi wird unsere Erlösung vollenden. Die Wiederkunft Christi wird das wahr machen, worum wir immer noch beten: *Dein Reich komme, dein Wille geschehe wie im Himmel, so auch auf Erden.*

Miteinander ins Gespräch kommen

1. Wer gehört für euch/dich zu eurer/deiner Wolke von Zeugen?
2. Auf welche Weise ist eure Gemeinde effektiv erkennbar in der Umgebung, in der sie lebt?
3. Was hilft uns, das Gleichgewicht zu halten zwischen dem Heil als Geschenk Gottes und einem Leben in Gehorsam als Antwort auf Gottes Gnade?
4. In welcher Hinsicht sind die Akzente und Anliegen der ersten Täufer für uns heute ein Gewinn?
5. Was hilft dir, die Hoffnung nicht aufzugeben, dass sich Gottes Reich durchsetzen wird?